Michel Gollac
Serge Volkoff



# Les conditions de travail

NOUVELLE ÉDITION

La Découverte
9 *bis*, rue Abel-Hovelacque
75013 Paris

De nombreux chercheurs et professionnels de diverses disciplines reconnaîtront ici des traces de leurs travaux (que nous nous sommes efforcés de citer explicitement) et de leurs conversations avec nous. Qu'ils en soient remerciés. Christian Baudelot, Philippe Davezies, Marc Gurgand, Annie Jolivet, Antoine Laville, Dominique Merllié, Emmanuèle Reynaud et Nicolas Sandret nous ont fait l'amitié de lire tout ou partie de cet ouvrage dans une version antérieure, et de nous faire part de leurs conseils et de leurs critiques. Cette tâche, réalisée dans des délais stricts et s'ajoutant à leurs recherches, a pu contribuer à l'aggravation de leurs conditions de travail. Mais elle nous a apporté une aide précieuse dans la poursuite, bien aléatoire, de nos objectifs de qualité.

Nous remercions aussi la Fondation européenne pour l'amélioration des conditions de travail et de vie, et la Direction de l'animation de la recherche, des études et des statistiques (DARES) du ministère du Travail, qui ont mis à notre disposition les données de leurs enquêtes les plus récentes sur les conditions de travail.

Stanislas Delcampe a participé à la vérification des statistiques publiées dans cet ouvrage.



---

ISBN : 978-2-7071-4391-4

# Introduction / Les conditions de travail, « problème de société »

On n'est plus au temps de Zola. En un siècle, bien des tâches pénibles ont disparu. Les risques d'accident de travail ont beaucoup diminué. Les efforts de tant de syndicalistes et de scientifiques, de certains cadres, dirigeants d'entreprise et responsables administratifs n'ont pas été vains. Leur œuvre est-elle achevée ? Ou risquons-nous encore de perdre notre vie à la gagner ?
Si les problèmes ne se posent pas au même niveau qu'en 1900, ils ne sont pas réglés pour autant. Et de nouveaux problèmes apparaissent, à cause des nouveaux outils, des nouveaux produits, des nouvelles formes de travail.

Physiquement pénible : voilà ce que le travail moderne ne devrait plus être. Pourtant les pénibilités physiques n'ont pas disparu. Malgré le machinisme et l'automatisation, 39 % des salariés français déclarent, dans l'enquête nationale de 2005 sur les conditions de travail, porter ou déplacer des charges lourdes. Et la situation se dégrade par bien des aspects : 15 % des salariés disent en 2005 subir des secousses ou des vibrations. Ils étaient 11 % en 1991, 8 % en 1984. La modernisation serait-elle un mythe ? Nullement ; elle marque les conditions de travail, mais pas toujours par son bon côté. L'automatisation supprime des tâches difficiles ou pénibles, mais elle est source de contraintes et de risques. La modernisation organisationnelle aussi a ses revers : trois salariés sur cinq déclarent devoir fréquemment abandonner une tâche pour une autre non prévue. Les salariés qui font état de mauvaises conditions de travail demeurent donc nombreux, en dépit de la part croissante des services dans l'économie et de la modernisation des entreprises.

Les conséquences des mauvaises conditions de travail pour la santé publique sont considérables. Elles ne sont pas pour autant faciles à mesurer. Les mesures directes portent sur les seuls accidents et maladies reconnus comme professionnels : elles dépendent donc de l'état de la législation et de son application ; beaucoup de maladies d'origine professionnelle ne sont pas reconnues.

Néanmoins l'impact des accidents de travail officiellement recensés comme tels est déjà important. En 2004, 52 000 salariés (dans le régime général de Sécurité sociale) ont été atteints d'une incapacité permanente à cause d'un accident de travail. On peut estimer qu'au rythme actuel un salarié sur dix environ sera victime d'une forme d'invalidité avant d'atteindre la retraite, à cause des accidents de travail. Toujours en 2004, 35 millions de journées de travail ont été perdues à cause des incapacités temporaires entraînées par ces accidents : soit 1 % de la force de travail.

Les conséquences des maladies liées au travail dépassent de loin celles des accidents. Le nombre total de victimes de l'amiante pourrait s'élever à 100 000 : la population d'une ville comme Nancy. Moins dramatiques, mais douloureux et invalidants, les troubles musculo-squelettiques (atteintes du poignet, du coude, lombalgies...) touchent des centaines de milliers de personnes.

Les mauvaises conditions de travail ne nuisent pas seulement à ceux qui les subissent. Les horaires excessifs de beaucoup de chauffeurs routiers font courir un risque à tous les usagers de la route. Dans une charcuterie industrielle, le nettoyage hâtif des machines par des intérimaires offre des garanties d'hygiène limitées. Quand les travailleurs des services d'urgence dans les hôpitaux se mettent en grève pour protester contre leurs conditions de travail, leur argument majeur est la sécurité des patients.

Même s'il est difficile à estimer, le coût économique des mauvaises conditions de travail ne doit pas être négligé. Certaines entreprises pourraient accroître leurs performances en améliorant les conditions de travail, évitant ainsi des erreurs, des gaspillages, des défauts de qualité. La tension, l'inconfort, la fatigue sont à l'origine d'accidents, de frais médicaux, de vieillissement prématuré. Les coûts pour la collectivité justifient que le débat social et scientifique fasse aux conditions de travail une large place.

L'intérêt pour les conditions de travail, vif en France dans les années 1970, s'est fait plus discret depuis l'apparition d'un chômage de masse. Il n'a pas disparu pour autant, et les résultats réguliers d'enquêtes statistiques, auxquelles cet ouvrage fera largement référence, ont conforté sa légitimité. Il a été relancé au tournant du siècle, pour de multiples raisons : conflits sociaux axés sur ces thèmes ; négociations sur le temps de travail ou les retraites ; vieillissement de la main-d'œuvre ; évolution des attentes chez les jeunes salariés ; épisodes tragiques comme la catastrophe de l'amiante (avec ses suites juridiques) ; prise de conscience du coût des mauvaises conditions de travail pour la Sécurité sociale ; sensibilité plus forte, dans les pays industrialisés, à la qualité de vie. Le lancement en France d'un plan national sur la santé au travail, portant sur la période 2005-2009, marque une volonté accrue des pouvoirs publics d'intervenir dans ce champ.

Dans ce contexte, les études et recherches sur les conditions de travail visent à développer leur visibilité sociale, à mieux comprendre leurs évolutions, mais aussi à dégager de nouvelles pistes d'action.

# I / Le travail et ses conditions

Les conditions de travail se manifestent à travers leurs conséquences. Mais comment les définir ? En apparence, rien de plus concret. Pourtant, c'est par une abstraction qu'on en fait des « conditions de travail ». Dire qu'une caractéristique du travail est une condition de travail résulte de processus sociaux complexes.

## La construction sociale des conditions de travail

Parler de « conditions de travail » implique de détacher du travail certains de ses aspects, de convenir que, d'un certain point de vue, ils ne font pas partie du travail, qu'ils en constituent des éléments contingents. Tant qu'un aspect du travail n'en est pas détaché, il fait « évidemment » partie du travail, ce n'est pas une condition de travail. Quand le même aspect est constitué en mauvaise condition de travail, il devient « évident » qu'il est dissociable du travail, qu'on peut, voire qu'on doit, le faire disparaître sans que pour autant le métier doive disparaître. Autrefois, c'était le destin des couvreurs de tomber du haut des toits [Barberet, 1890]. Aujourd'hui, nous ressentons un tel accident comme inadmissible. N'y a-t-il pas de même des aspects du travail qui nous paraissent « naturels » et qui pourraient demain être jugés « scandaleux » ?

Comment savoir si un aspect du travail est « normal » ou pas ? Mme A. tape des textes sur un clavier. Supposons l'installation matérielle correcte. Mme A. peut estimer que, pour quelqu'un dont la tâche est de taper des textes, sa posture n'est pas spécialement pénible. Mais cette opinion ne va pas de soi, puisque des experts pourront estimer que ce genre de travail, s'il est prolongé, entraîne nécessairement des troubles. Du point de vue de Mme A., une souffrance pourra entraîner une conscience de la pénibilité de la posture. Mais ce n'est pas sûr. Elle pourra, en fonction des attitudes compensatoires qu'elle prendra, et de processus physiologiques ou psychosomatiques complexes, ressentir des maux de dos, ou des maux de tête, ou des maux d'estomac, ou des douleurs dans les membres, ou de l'irritabilité. La probabilité que de telles souffrances soient rattachées à la posture de travail est faible. Les médecins eux-mêmes sont généralement accoutumés à ignorer le travail comme facteur de pathologie. Ils ne voient donc pas ce qu'ont de commun des symptômes qui leur apparaissent comme dispersés, faute de pouvoir les rattacher à une origine commune. Supposons cependant, le cas est tout de même courant, que Mme A. attribue ses maux de dos à la « posture pénible » qu'elle a quand elle frappe des documents. Des experts pourront ici encore produire un jugement différent. Les maux de dos, feront-ils valoir, n'apparaîtraient pas si elle n'était pas crispée par la nécessité de tenir des délais serrés, l'angoisse d'être mal jugée par son chef, ou encore la monotonie de son travail. La « posture pénible » est, dans tous les cas, le fruit de l'opération qui consiste à détacher du reste du travail une caractéristique particulière, pour l'attacher à une souffrance ou à un risque. Cette opération est nécessaire pour poser le problème. En même temps, s'intéresser à un seul aspect du travail de Mme A., sa posture, est réducteur et ne permet pas de rendre pleinement compte de la genèse de ses souffrances.

Les ergonomes ont montré que les travailleurs ont beaucoup de mal à verbaliser leur travail, à en détacher des particularités traduisibles par des mots ; ils ont tendance à intérioriser, à naturaliser ce que le regard extérieur expert appelle leurs conditions de travail [Teiger et Laville, 1991]. Ils décrivent spontanément leur travail en se référant largement à la tâche qu'on leur a prescrite, et non à leur activité réelle. Leur expression est laconique, globale, sans catégorisation. C'est seulement par une démarche maïeutique, sous la conduite de spécialistes, que les causes de difficultés et d'atteintes à la santé sont identifiées : le salarié prend conscience de la complexité et de la variabilité de son travail, il fait le lien entre sa santé et son travail.

Mettre en évidence les mauvaises conditions de travail suppose donc que des acteurs sociaux s'y emploient [Loriol, 2000 ; 2003]. Mais il est peut-être encore plus difficile de rendre visibles les bonnes conditions de travail. De même que la santé n'est pas seulement l'absence de maladie avérée, les bonnes conditions de travail ne sont pas seulement celles qui ne sont pas la cause directe de troubles. À travers son activité, chaque travailleur doit pouvoir préserver et construire sa santé. Comme chaque individu est différent des autres, ceci suppose qu'il ait la faculté de construire cette activité elle-même en fonction de sa personnalité physique et mentale. Les bonnes conditions de travail sont celles qui donnent au travailleur la liberté de construire une activité de travail favorable à sa santé.

On connaît encore mal les processus qui conduisent des individus ou des groupes à prendre conscience de leurs conditions de travail. On a pu toutefois en repérer un certain nombre [Gollac, 1995 ; Gollac et Volkoff, 2006]. L'objectivation des conditions de travail peut résulter d'une dégradation de celles-ci : on compare un « avant » et un « après ». Elle est aussi facilitée par le décalage entre conditions de travail et conditions de vie hors travail : si le confort de vie hors travail s'accroît et que le travail demeure inchangé, il peut cesser de paraître « normal » et commencer à paraître « dur ».

L'objectivation peut être favorisée par une intervention de l'État. Ainsi les campagnes de sécurité routière ont accru la conscience du risque automobile : de moins en moins nombreux sont les chauffeurs routiers qui, lors des enquêtes statistiques, répondent ne pas risquer d'accident de la route au cours de leur travail. D'autres acteurs peuvent constituer des risques et des nuisances en « problèmes ». Par exemple, le risque chimique a été fortement mis en avant par la mouvance écologiste. Dans les années 1980, elle a pu s'appuyer sur des affaires comme celle des fûts de dioxine de Seveso retrouvés dans un garage picard : la conscience de ce type de risque, ou l'irritation devant une information jugée lacunaire ont fortement progressé. Le monde scientifique joue un rôle important : il a contribué à la prise de conscience des dangers de l'amiante ou à la mobilisation contre l'exposition au plomb. Il est relayé par l'action des médecins du travail, des inspecteurs du travail. L'objectivation des conditions de travail peut aussi résulter de l'action syndicale, voire de discussions informelles qui, par l'échange des expériences singulières, les transforment en situation collective, et cristallisent les sensations en problèmes. Ce mouvement est amplifié quand une entreprise et plus encore une profession se mobilisent (*cf.* encadré).

Face aux processus sociaux conduisant à l'objectivation des conditions de travail, d'autres processus, non moins sociaux, conduisent à leur naturalisation : « C'est le métier qui veut ça. » Une façon de supporter la souffrance ou la peur peut même être de la refouler [Dejours, 2000]. L'objectivation peut être réversible. Le renouvellement des générations de salariés, l'éclatement des collectifs rendent même une telle éventualité, sinon probable, du moins plausible.

**Mobilisation des professions et objectivation des conditions de travail**

Vers la fin des années 1980, les policiers, les cheminots, les infirmières ont mené de puissants conflits sociaux. Leur perception des conditions de travail s'est transformée, comme en témoignent les enquêtes menées à cette époque. Les infirmières étaient, en 1984, 40 % à déclarer porter ou déplacer des charges lourdes ; en 1991, elles étaient 70 %. Les charges en question sont, le plus souvent, les malades. Ceux-ci pèsent un poids conséquent ; ils sont dépourvus de poignée ; on ne peut, pour les manipuler, les mettre dans la position la plus commode. Mais considérer une personne comme une charge exige de rompre avec une représentation de la profession infirmière fondée sur le dévouement [Kergoat, 1992]. La transformation de la gestion de la santé a technicisé la profession d'infirmière. La mobilisation des infirmières a dévoilé les aspects économiques du métier : elles ont revendiqué que leur dévouement soit rémunéré à sa valeur. Ce double mouvement a renforcé l'idée qu'un malade était aussi une charge.

## Un problème médical, économique ou social ?

La définition de ce qu'on entend par conditions de travail est donc une question politique et sociale. Potentiellement toute caractéristique du travail a vocation à devenir une « condition de travail ». Il appartient au débat social de dire s'il est légitime de la traiter comme telle. La tâche des scientifiques est d'éclairer ce débat en élucidant les causes et les conséquences des formes de travail. La recherche scientifique doit aussi examiner comment la société traite le travail, met en exergue ou refoule les conditions de travail, mène ou non des actions pour les améliorer. Elle ne doit donc exclure *a priori* de son examen aucun élément du travail.

Dans cet ouvrage, nous avons pris un parti pragmatique. Nous examinons évidemment les aspects du travail que chacun s'accorde aujourd'hui à considérer comme « conditions de travail » : par exemple le port de charges lourdes, l'exposition à des toxiques, les risques d'accident. Mais nous ne nous interdisons pas d'examiner des composantes du travail dont la désignation comme « conditions de travail » est moins consensuelle, par exemple les éléments de l'organisation susceptibles d'influer directement ou indirectement sur le bien-être et la santé des travailleurs. Car chaque caractéristique ne prend pleinement sens que replacée dans un contexte global. L'approche globale permet d'aller au-delà de la dénonciation ; elle invite à s'interroger sur ce que sont de bonnes conditions de travail.

L'étude des conditions de travail amène à combiner les apports de nombreuses disciplines scientifiques, toutes indispensables et chacune insuffisante. La toxicologie ou la physiologie de l'effort

### « Comment parler du travail ? »

Des travaux sociologiques se démarquent d'une vision objectiviste des conditions de travail. Pour Michel Pialoux [1995], ce qui importe dans les conditions de travail dépend des rapports sociaux dans lesquels sont pris les acteurs. Lors de la double interview d'un chef d'équipe et de sa femme, OS dans le même établissement, le mari, reprenant le point de vue de la direction, insiste sur l'amélioration des conditions matérielles de travail, sur les nouvelles formes d'organisation visant à augmenter l'initiative des opérateurs. Sa femme estime au contraire que ces améliorations sont de peu de portée. Elle insiste sur ce qui n'a pas changé, voire s'est aggravé : le mépris ressenti par les OS, les injustices, la brutalité des rapports sociaux, la difficulté à tenir les cadences, l'incertitude de l'avenir. Les situations sont interprétées et vécues par les individus en fonction de leur trajectoire individuelle, de celle de leurs parents et de leurs enfants, de celle de leur groupe social [Beaud et Pialoux, 1999]. Les transformations du système scolaire ou le changement des rapports de forces politiques ont un impact sur ces perceptions. La sociologie compréhensive souligne donc l'insuffisance des approches qui isolent tel ou tel aspect des conditions de travail.

étudient l'impact d'éléments très particuliers, mais très directement déterminants, du travail ; l'épidémiologie, la médecine, la psychologie examinent les effets d'éléments plus ou moins manifestes et de leur combinaison. Mais, pour évaluer les conséquences du travail, nous devons aussi comprendre ce qu'est le travail. Tel est le but de l'analyse ergonomique, qui recherche aussi les déterminants organisationnels de l'activité. La recherche de ces déterminants rejoint la sociologie du travail et la sociologie des organisations.

L'apport des sciences sociales et humaines ne se limite pas à l'environnement immédiat du travail. Car la qualité des conditions de travail est régie par des facteurs économiques et macrosociaux. Les mauvaises conditions de travail ont des coûts individuels et collectifs considérables, mais l'amélioration est souvent coûteuse pour les entreprises. L'économiste étudiera le rôle régulateur du marché, et ses limites. Il s'intéressera aussi, ainsi que le juriste, à l'action des institutions. Le sociologue ou le spécialiste de la gestion observera que les entreprises n'ont qu'une connaissance imparfaite du travail de leurs salariés et des moyens nécessaires pour le modifier : c'est une conséquence de la division du travail et des relations conflictuelles entre groupes sociaux. Améliorer les conditions de travail suppose que des acteurs sociaux s'attellent à cette tâche. Leur action dépendra évidemment de leur perception des conditions de travail : la formation de cette perception intéressera le sociologue, rejoint par l'ergonome ou le psychologue du travail.

### Les statistiques françaises sur les conditions de travail

La construction politique d'un « problème des conditions de travail » a entraîné une demande d'informations quantifiées. Les premiers chiffres ont porté sur les conséquences les plus frappantes des conditions de travail : les accidents et les maladies professionnelles. Ils sont fréquemment utilisés dans le débat social, mais font l'objet de vives critiques de la part des chercheurs [Lenoir, 1980 ; Daubas-Letourneux et Thébaud-Mony, 2001].

Dans les années qui suivirent 1968, la vision politique des conditions de travail ne se limita plus aux événements « scandaleux » comme les accidents et maladies. Le système d'enquêtes qui en résulte (géré aujourd'hui par la DARES, Direction de l'animation de la recherche, des études et des statistiques au ministère du Travail) est un compromis entre demandes politiques, considérations scientifiques et coutumes du système statistique.

Ces enquêtes reposent sur l'interrogation des salariés et donc sur leur perception des conditions de travail [Volkoff et Molinié, 1982]. L'idée fondatrice est que le travail doit être appréhendé dans sa globalité. Si on ne dispose pas des moyens d'une analyse détaillée du travail, les travailleurs sont encore les mieux à même d'en restituer une vision synthétique. La première enquête nationale sur les conditions de travail a eu lieu en 1978. Elle a été renouvelée en 1984, 1991, 1998 et 2005. Chaque enquête porte sur 20 000 personnes environ.

À ses débuts, cette enquête était surtout adaptée à la description des conditions de travail physiques et du travail ouvrier. Elle a été complétée en 1987 par une enquête analogue sur l'organisation du travail et sur quelques aspects des conditions psychologiques de travail [Gollac, 1989], renouvelée en 1993, puis fusionnée en 1998 avec l'enquête sur les conditions de travail. Une nouvelle enquête (changement organisationnel et informatique), en 1997 et 2006, permet de relier le point de vue des salariés sur le travail à la description globale, par ses responsables, de l'organisation de l'entreprise [Greenan et Hamon-Cholet, 2000]. On s'oriente ainsi à la fois vers une description plus complète des conditions de travail et des formes d'organisation qui les déterminent. Les chiffres produits par ces enquêtes doivent être interprétés [Cézard, Dussert et Gollac, 1993 ; Gollac, 1997]. Ils dépendent en effet de l'état des processus sociaux d'objectivation des conditions de travail.

Une autre méthode consiste à déléguer l'appréciation des conditions de travail à un expert. Ainsi l'enquête sur le suivi médical des risques professionnels (« SUMER ») s'appuie sur le jugement des médecins du travail. Mais leurs protocoles de codage ne sont pas faciles à homogénéiser [Dodier, 1993] ; et leur regard n'est pas forcément le même que celui d'autres experts. D'autres dispositifs d'enquête en santé au travail associent les points de vue des salariés et des médecins [Derriennic *et al.*, 1996 ; Pommier *et al.*, 2006]. L'ensemble des sources statistiques reliant la santé et la vie de travail ont fait l'objet d'un bilan analytique [Cristofari, 2003]. La collecte d'une enquête longitudinale sur la santé et les itinéraires professionnels (SIP) a été réalisée au début de 2007.

## Les approches qui « décomposent » les conditions de travail

En épidémiologie, en physiologie et en psychologie du travail, en ergonomie, certaines démarches, délibérément analytiques, explorent tel aspect de la tâche, ou de l'environnement de travail, et tentent d'établir ses effets sur la santé ou sur la performance. Elles ont le mérite de « respecter des exigences de généralisation et mesure quantitative », conformément aux règles des sciences de la nature [de Montmollin, 1997].

La littérature scientifique sur les effets des conditions de travail accorde une large place à l'étude des expositions aux toxiques industriels, dont les conséquences sont repérées et évaluées par des méthodes épidémiologiques. Ce domaine de l'hygiène industrielle mérite d'importants efforts de recherche, parce que ces risques peuvent être très graves, et sous-estimés dans l'entreprise, compte tenu de la masse de produits nouveaux qui apparaissent sans cesse. La démarche « analytique » se justifie ici pleinement, y compris le recours aux méthodes quantitatives.

En ergonomie, cette approche analytique est présente également, mais avec un domaine d'étude plus vaste. Ce courant de recherches se réfère au terme *human factors*, titre d'une revue américaine sur ce sujet, et d'une société savante. Maurice de Montmollin propose de traduire ce terme par « composants humains », et rappelle la liste de ces composants (*cf.* encadré ci-dessus).

Une telle liste permet une ample investigation sur les conditions de travail. Les effets de celles-ci sur des aspects précis de la santé et des performances sont étudiés un à un. L'abondance des résultats est favorisée par leurs conditions d'élaboration. Cette démarche n'oblige pas à effectuer des observations en situation réelle de travail. L'étude d'une fonction de l'être humain, face à une sollicitation déterminée, s'effectue de préférence en laboratoire, dans des situations expérimentales bien maîtrisées, où l'on cherche à « reproduire » une caractéristique du travail, et à la faire varier en « contrôlant » les autres.

Les personnes qui se prêtent à ces expériences ne sont pas en général des travailleurs (leur mobilisation serait coûteuse), mais plus souvent des étudiants ou des militaires. C'est là une première limite à la portée de ces résultats : les caractéristiques spécifiques de ces populations de référence ne reflètent pas la diversité des populations au travail. Le rappel de cette spécificité est une précaution qui n'est pas toujours prise dans l'utilisation des études. D'autre part on perçoit bien que la liste est incomplète. Les horaires de travail, par exemple, n'y figurent pas. Les contraintes de temps dans la

### Les *human factors* traditionnellement étudiés

L'ouvrage d'initiation à l'ergonomie de Dul et de Weerdmeester [1993] est un bon représentant de l'école des *human factors*. La table des matières de cet ouvrage, que nous reproduisons ici, montre la diversité des aspects étudiés. Mais elle reflète aussi des choix restrictifs dans l'approche des situations de travail :

*Postures et mouvements*

— bases biomécaniques, physiologiques et anthropométriques ;

— postures : assises, debout, des mains et des bras, changements de postures ;

— mouvements : soulever, transporter, pousser, tirer.

*Informations et opérations*

— informations visuelles : caractères, diagrammes, perception des informations visuelles ;

— information des autres sens : audition, etc.

— commandes : claviers, distinctions entre commandes, commandes qui indiquent la position ;

— relations entre les informations et les opérations : attente, commandes qui procurent également des informations, le dialogue homme-machine, différentes formes de dialogues.

*Facteurs environnementaux*

— bruits ;

— vibrations ;

— éclairage ;

— climat ;

— substances chimiques.

*Source* : de Montmollin [1997, p. 158].

réalisation du travail (vitesse, cadence, délais) sont peu prises en compte. De façon plus générale, l'objectif n'est pas d'analyser la combinaison et l'enchaînement des actions menées par la personne au travail.

Détaillées, abondantes, quantifiées, reproductibles, largement diffusées, les analyses des *human factors* débouchent sur de nombreuses applications. Elles peuvent permettre d'éviter de grosses erreurs dans la conception des outils et des équipements. Elles invitent à rechercher des dimensionnements d'objets, des aménagements d'espaces, des présentations d'informations, suffisamment adaptés aux caractéristiques physiques et sensorielles de l'être humain, voire à son fonctionnement mental, au moins sous ses aspects élémentaires. D'où l'acception courante du vocable « ergonomique », à propos des formes d'un siège ou d'un clavier.

Cet effort pour désigner les éléments souhaitables ou à éviter dans la conception d'une situation de travail aboutit souvent à établir des règles à suivre, voire des normes, éventuellement régies par une réglementation nationale ou internationale. Elles visent à traduire en exigences rigoureuses les connaissances disponibles. Elles rappellent que, si on néglige trop les caractéristiques de l'être humain, les conséquences sur la santé et la production pourront être désastreuses.

Mais la démarche normative se heurte à deux difficultés. D'une part la variabilité des situations de travail et des populations est difficile à prendre en compte. D'autre part, pour gagner du temps, les concepteurs ou les acheteurs d'un instrument ou d'un espace de travail vont se contenter de vérifier la conformité aux normes, ce qui est à la fois rassurant et simplificateur : le risque est de croire que l'on peut économiser la réflexion sur l'activité concrète de travail telle qu'elle va se dérouler. Une charge à transporter sera répartie en sacs suffisamment nombreux pour que chacun d'eux respecte une limite de poids ; mais les contraintes de temps obligeront peut-être à en porter deux à la fois. Telle machine est bruyante, cela vaut peut-être la peine de mesurer les décibels, et de se reporter aux connaissances disponibles sur les risques de surdité ; mais il faut aussi se demander si le travailleur peut ou non s'écarter souvent de la machine, mettre un capot sur celle-ci sans perdre d'information utile, ou porter des protections antibruit sans que cela gêne son travail. La taille et la couleur des informations sur un écran d'ordinateur seront pensées correctement en termes de sollicitation visuelle ; mais elles ne tiendront peut-être pas compte de l'importance de chacune de ces informations, ni de la présentation des documents papier utilisés par ailleurs.

La même remarque vaut pour l'évaluation des exigences d'un travail au moyen de barèmes de cotation. Ces barèmes présentent l'avantage d'un balayage large des contraintes dans une situation de travail, sans se limiter d'emblée aux facteurs de risque les plus évidents : le bruit n'est pas forcément le seul problème pour un chaudronnier, la sollicitation visuelle la seule difficulté pour une employée sur écran. Là où un grand nombre de postes présentent des caractéristiques et des exigences de même type, bien identifiées au préalable, la cotation ouvre la voie à des traitements quantifiés pour fixer des objectifs aux concepteurs, y compris en tenant compte des caractéristiques de la population appelée à occuper ces postes de travail. Ainsi, la méthode de cotation décrite par Falluel et Sailly [1995] repère les exigences les plus pénalisantes pour les ouvriers vieillissants dans le montage automobile (efforts, postures, contraintes de rythme, complexité), et permet de fixer des éléments de cahier des charges pour la conception des futures chaînes.

## Le travail comme activité

Au-delà des méthodes normatives et des cotations, de nombreux auteurs et praticiens ont montré l'intérêt d'une analyse de l'activité de travail [Daniellou et Béguin, 2004]. Ils estiment que, si on élabore « à froid » des connaissances sur l'homme pour les appliquer ensuite directement à l'étude des conditions de travail, en omettant l'activité, on se prive d'un instrument précieux de compréhension et de transformation. Cette préoccupation marque spécialement les recherches, les enseignements et les pratiques en ergonomie dans les pays francophones. Mais François Daniellou [1996] rappelle ce que le concept d'activité doit aussi aux travaux de la psychologie soviétique et aux développements de recherches scandinaves. Ce point de vue implique de distinguer la « tâche » (moyens fournis pour le travail, environnement, procédures à respecter, objectifs de travail), et l'activité elle-même, qui est « un processus complexe, original et évolutif » [de Montmollin, 1986].

À tout instant l'homme ou la femme au travail observe (des objets, des documents, des écrans, des signaux, le comportement d'autres personnes), écoute (des sons, des paroles), raisonne (y compris pour les tâches considérées comme les moins qualifiées), choisit et prépare ses actes (gestes, déplacements, consultations d'informations, communications et coopérations avec d'autres), les effectue, éventuellement modifie « en temps réel » leur exécution compte tenu d'événements en cours, examine enfin leur résultat pour en tenir compte dans la suite de son activité. Ces prises d'informations, décisions et actions prennent place dans un cadre temporel déterminé : horaires, délais, cadences, normes de production, « butées temporelles » dues à diverses contraintes. Ce cadre est partiellement imprévisible, à cause des incidents, des retards pris par des opérations en amont, de l'indisponibilité d'un outil, de la surcharge d'un collègue, des urgences, des longueurs variables des files d'attente. Les contraintes de temps peuvent être partiellement modifiables par les individus ou les collectifs au cours du travail : ils peuvent anticiper, redéfinir des priorités, s'entraider, voire poursuivre le travail pendant les pauses ou au delà de l'horaire établi.

L'analyse de l'activité est donc précieuse pour appréhender deux aspects essentiels d'une situation de travail. D'une part il s'agit de repérer les principaux éléments de variabilité de cette situation. Car le contexte de production et l'état de la personne au travail sont éminemment instables, même dans le cas d'une tâche « répétitive » effectuée constamment par un même opérateur. D'autre part on doit tenter de comprendre les régulations, les compromis qu'implique la

### L'analyse de l'activité

Les multiples facettes de l'activité, ses variations incessantes, ses composantes invisibles (coups d'œil, attention prêtée à des sons — ou à leur absence —, et surtout processus de raisonnement et de décision), ne la rendent pas aisément accessible à qui souhaite la comprendre. L'étude de la tâche prescrite, en tout cas, ne peut pas tenir lieu d'analyse de l'activité. Comme le remarque François Guérin [1998, p. 174], « la tâche n'est jamais réalisée telle qu'on l'imaginait ».

Peut-on élucider les composantes essentielles de l'activité en interrogeant ceux qui la réalisent ? Ce n'est pas si simple, car à son tour « l'opérateur commence par décrire ce qu'il doit faire (tâche prescrite) et comment il doit le faire (activité prescrite). Il est donc nécessaire de dépasser cette description formelle pour atteindre les objectifs qu'il se donne et la manière dont il les réalise » [Laville, 1998, p. 24]. Un entretien suffisamment long, attentif, permettant de « relancer » l'interlocuteur sur la diversité des situations auxquelles il doit faire face, pourra permettre de progresser. Mais l'observation rigoureuse de l'activité elle-même, enrichit énormément la compréhension. En se fondant sur cette observation, on peut conduire ensuite les entretiens de façon beaucoup plus précise, proposer au travailleur de commenter et d'expliquer ses propres actes, tels que l'observateur les a perçus — les ergonomes utilisent ici le terme « autoconfrontation ».

Cela suppose qu'une relation de confiance s'établisse. Car il est des cas où un salarié jugera, non sans raison, qu'il court un risque en dévoilant son activité : le risque d'un rappel à l'ordre et d'une appréciation défavorable sur ses « manquements » vis-à-vis du travail prescrit ; ou le risque d'une confiscation de son savoir-faire, débouchant sur son remplacement par un autre salarié ou par un dispositif automatique. À l'inverse, les cas favorables sont ceux où l'élucidation de l'activité permettra, non seulement de meilleurs choix pour les conditions et l'organisation du travail, mais une meilleure reconnaissance des compétences de chacun.

réalisation de l'activité. Celle-ci intègre des contraintes, plus ou moins compatibles entre elles : consignes, état des outils ou des logiciels, impératifs de quantité, de qualité, de « réactivité ». Elle intègre aussi des préoccupations du travailleur lui-même : préserver sa santé et sa sécurité, maîtriser son travail, valoriser et renforcer ses compétences, respecter et promouvoir certaines valeurs, tenir un projet de vie. Parmi ces préoccupations peut figurer celle de renforcer son champ d'action pour modifier sa tâche, ses objectifs et ses moyens de travail.

Les écarts entre la tâche prescrite et l'activité réelle, les compromis élaborés au fil du travail, méritent un examen attentif, car il faut « comprendre le travail pour le transformer » [Guérin *et al.*, 1997]. C'est pourquoi on ne peut pas définir *a priori* de bonnes conditions de travail. Il n'est pas très utile de concevoir un dossier de siège « ergonomique », si la précision de l'action oblige l'ouvrière (ou la caissière de grande surface) à s'écarter du dossier pour examiner les plaques électroniques (ou les codes barres des articles). Pour choisir et aménager un équipement bureautique, mieux vaut savoir comment la secrétaire anticipe sur une partie des opérations, vérifie certaines autres, interrompt une tâche pour se consacrer à une autre plus urgente, puis revient à la précédente. Pour aménager la salle de contrôle d'un processus industriel (ou la cuisine d'une cantine d'entreprise), il faut bien connaître les pratiques de communications, verbales et autres, entre les opérateurs (ou les cuisiniers), les modalités de synchronisation de leurs tâches, les marges de manœuvre dont ils ont besoin pour mettre en place des coopérations au bon moment.

L'analyse de l'activité permet d'intégrer la diversité des individus. « Le » travailleur auquel concepteurs et organisateurs tendent à se référer est virtuel. Ses caractéristiques ne sont à peu près jamais réunies dans la réalité [Wisner, 1971]. Il doit être de taille et corpulence moyennes, sans déficience visuelle ni auditive, sans troubles du sommeil ni douleurs articulaires, jeune mais expérimenté, bien formé pour la tâche et bien informé des modifications éventuelles de celle-ci, connaissant bien les compétences de ses collègues, sans soucis extra-professionnels susceptibles d'amoindrir sa vigilance ou sa motivation, et cela tous les jours et à toute heure. Il n'en va pas ainsi, bien entendu. L'âge, la formation, l'expérience et même toute la trajectoire passée modèlent les façons de travailler. L'approche par l'activité de travail insiste sur le fait que les travailleurs diffèrent, non seulement par leurs caractéristiques personnelles, mais par leurs actes, et que ceux-ci à leur tour modifient les conditions de travail.

## II / Travail et santé

Dans les préoccupations de santé publique en France, la place des conditions de travail reste modeste. « La population se contente encore trop souvent d'intérioriser le discours médical sur la santé, qui tend à confiner ces problèmes au niveau individuel sans tenir compte de l'impact de l'environnement professionnel » [Cassou, 1997]. Cette carence renvoie à la « visibilité » des conditions de travail, à leur construction sociale. Elle interroge aussi la recherche scientifique : comment comprendre et évaluer les effets multiformes du travail sur la santé au long de la vie active [Volkoff, 2005] ?

Il serait très réducteur de se limiter à la santé physique, ou même d'opérer un découpage entre santé physique d'une part et santé mentale et sociale d'autre part, car ces composantes sont intimement liées dans l'existence de chacun. De plus la santé ne se limite pas à la « non-maladie ». Être malade constitue certes une atteinte à la santé. Mais la peur, la gêne, l'inconfort, l'irritation, les douleurs, la fatigue, l'ennui, la détérioration de l'aspect physique, l'apparition de déficiences même légères méritent qu'on s'en préoccupe, qu'il y ait ou non un diagnostic médical, qu'il s'agisse ou non de « signes » pathologiques. C'est souvent à ces « petits » troubles que les chercheurs et praticiens en santé au travail se trouvent confrontés.

En outre, faut-il raisonner seulement en termes de troubles et de déficiences ? Si l'on admet que le travail peut être un « opérateur de santé » — ce dont témoignent, *a contrario*, les problèmes de santé d'une grande partie des chômeurs —, on est en droit de proposer une acception élargie de la santé [Davezies, 1998b] avec trois composantes : « Être en forme, [...] ; se sentir libre, ce qui implique autant le sentiment d'avoir barre sur les choses que la connaissance et l'acceptation de ses propres limites ; enfin, percevoir la suite des événements comme une unité susceptible de faire sens et de constituer une histoire. »

## Les difficultés de la mesure

*La fragilité des indicateurs usuels*

Des statistiques d'accidents du travail et de maladies professionnelles sont établies chaque année pour le compte de la Caisse nationale d'assurance maladie des travailleurs salariés qui en publie les résultats nationaux, régionaux, et par grandes branches [CNAM-TS, 2006 — *cf.* encadré]. Elles constituent un support habituel des réflexions dans les instances de concertation nationales ou locales. Mais elles reflètent avant tout l'objectif que se donne la CNAM-TS en les établissant : la connaissance des dépenses. Des faits identifiés comme accidents par les salariés ne sont pas recensés comme tels [Hamon-Cholet, 2001 ; Daubas-Letourneux, 2005]. En 2004-2005, selon les déclarations des salariés, 12 % des accidents entraînant des soins n'ont pas été signalés à l'entreprise, 31 % n'ont pas été déclarés à la Sécurité sociale, et près de la moitié n'ont pas été reconnus. De même, le nombre d'accidents avec arrêt dépend des pressions exercées sur les salariés accidentés pour qu'ils continuent à venir dans l'entreprise [Loriol, 2001].

Quant aux maladies professionnelles, leur définition traduit un important travail juridique. La reconnaissance d'une maladie comme « professionnelle » dépend d'abord de son appartenance à une liste limitative. Cette liste énumère des « tableaux » ; chacun d'eux décrit une pathologie et les expositions susceptibles de la provoquer. La liste, la description des maladies et aussi celle des expositions incriminées font l'objet de difficiles négociations entre les partenaires sociaux. La procédure de reconnaissance elle-même est susceptible de durer plusieurs années. De nombreux cas sont laissés en chemin parce que non déclarés, non reconnus ou non indemnisés [Thébaud-Mony, 1992].

Les chiffres dépendent donc de la pratique des acteurs : patronat et syndicats, caisses de Sécurité sociale, médecins, encadrement, et victimes elles-mêmes. Or ces pratiques varient selon les régions, les secteurs, les entreprises, les catégories de salariés, et les périodes. Les « petits » accidents notamment sont de moins en moins déclarés. Pourquoi, alors, recourt-on si souvent à ces indicateurs, dont la solidité et la pertinence sont limitées ? Avant tout parce que ces données ont le mérite d'exister, avec les apparences d'un décompte bien rodé. La sécurité du travail peut ainsi prendre place parmi les objectifs chiffrables dans l'entreprise, au même titre qu'un taux de rebut, un niveau de stock, ou la longueur moyenne d'une file d'attente.

### Accidents du travail et maladies professionnelles : ordres de grandeur

Dans les années 1990, le nombre annuel d'accidents avec arrêt de travail a varié entre 650 000 et 700 000 pour les 14 à 15 millions de salariés du régime général de Sécurité sociale ; ce nombre a un peu progressé depuis 2000, en raison d'une hausse des effectifs d'affiliés. 50 000 accidents, qualifiés de « graves », ont donné lieu au versement d'une rente d'incapacité permanente ; 600 à 700 ont entraîné le décès de la victime. Le taux de fréquence des accidents (nombre d'accidents avec arrêt de travail, par million d'heures travaillées) est actuellement de l'ordre de 25 au plan national. Leur taux de gravité (nombre de journées d'arrêt par millier d'heures travaillées) était de 1,3 en 2004. On constate de fortes disparités entre secteurs, au détriment surtout du bâtiment, des transports et de l'industrie du bois.

Les tendances à long terme indiquent une baisse de tous ces indicateurs, mais une progression de la gravité moyenne de chaque accident survenu (durée moyenne d'arrêt de travail), ce qu'on peut interpréter comme l'effet d'une moindre déclaration des « petits » accidents.

Le nombre de maladies professionnelles reconnues au cours de l'année 2004 était de 37 000. Il a fortement progressé depuis quelques années, à cause de l'élévation importante du nombre des troubles musculo-squelettiques. Cette élévation résulte elle-même de la modification du tableau correspondant et aussi, probablement, des changements du travail (voir le chapitre V).

#### *Relations multiples, relations différées*

Les relations entre travail et santé ne sont ni univoques, ni instantanées. Une caractéristique du travail aura souvent plusieurs conséquences. Le bruit a des effets, non seulement sur l'oreille, mais aussi sur l'appareil cardio-vasculaire. Et une dégradation de la santé peut avoir plusieurs causes professionnelles, auxquelles s'ajouteront des facteurs non professionnels. Les troubles du sommeil, par exemple, vont dépendre à la fois des horaires, de la pression temporelle dans le travail, des conditions de trajet, et d'une vie familiale plus ou moins sereine. De plus l'état de santé agit à son tour sur la façon de travailler. Par exemple une douleur ou une incapacité à un bras amènera à solliciter l'autre davantage, parfois trop. Ou bien des troubles du sommeil entraîneront une baisse de la vigilance et des risques d'accidents, sauf si le travailleur peut aménager l'ordre de ses tâches en fonction de ses périodes de somnolence diurne.

Beaucoup de ces mécanismes sont évolutifs ou différés. Certaines expositions professionnelles (l'amiante, par exemple) provoquent des pathologies qui apparaissent vingt ou trente ans plus tard.

### Le *healthy worker effect* (HWE)

Tout au long de la vie active, des mécanismes de sélection sont à l'œuvre. La présence d'un salarié à tel poste à un moment donné résulte pour partie de ses conditions de travail antérieures et de l'évolution de sa santé. Un résultat, classique en épidémiologie mais *a priori* paradoxal, est la relative rareté des pathologies chez les travailleurs ayant les conditions de travail les plus dures. Ce constat s'explique par une sélection progressive : les salariés en mauvaise santé s'écartent, ou sont écartés, des situations de travail qu'ils ne peuvent pas (ou qu'ils ne peuvent plus) affronter. On constate par exemple un niveau élevé de troubles de santé chez les anciens travailleurs postés revenus en horaires de jour [Bourget-Devouassoux et Volkoff, 1991].

Les épidémiologistes désignent sous le terme de *healthy worker effect* (« effet travailleur en bonne santé »), le biais lié au fait que les individus capables d'exercer un travail régulier sont *a priori* en meilleure santé que la population générale, dans laquelle on trouve des malades dans l'incapacité de tenir un emploi. Cet effet est d'autant plus marqué que les conditions de travail sont difficiles [Goldberg, 1995]. Le HWE peut masquer des relations entre travail et santé. On peut chercher à connaître son ampleur en utilisant des données longitudinales sur l'évolution de l'état de santé et les parcours professionnels.

L'analyse des mécanismes de sélection permet de mettre au jour le rôle de la santé dans la sélection et dans la mobilité entre emplois [Molinié et Volkoff, 2002].

## Des conditions de travail génératrices de maladies graves

L'épidémiologie des pathologies d'origine professionnelle permet d'aller bien au-delà des données sur les maladies officiellement reconnues comme professionnelles, même si des mécanismes de sélection en compliquent l'étude (*cf.* encadré).

### *Les substances cancérogènes*

Chaque année, plusieurs milliers de décès sont attribuables à des cancers d'origine professionnelle. L'Institut de veille sanitaire a estimé entre 2 600 et 5 500 le nombre des « principaux cancers d'origine professionnelle » apparus chaque année chez les Français de sexe masculin [Imbernon, 2003]. La plupart d'entre eux affectent les poumons ou la plèvre ; s'y joignent quelques centaines de leucémies et de cancers de la vessie. Il faudrait évidemment ajouter d'autres formes de cancers pour lesquelles le rôle du travail est moins bien évalué, ainsi que les cancers qui touchent les femmes.

Ces dénombrements sont difficiles, de même que celui des travailleurs exposés. La liste des produits cancérogènes évolue en fonction des connaissances scientifiques. Les conditions dans lesquelles ces produits risquent ou non d'engendrer effectivement des cancers

### La mortalité différentielle par professions

Les inégalités de mortalité entre grandes catégories sociales, particulièrement fortes en France [Kunst *et al.*, 2000], sont assez stables à long terme. Les écarts se creusent au sein de la catégorie ouvrière, selon le niveau de qualification [Cambois, 2004]. Les conditions de travail n'expliquent pas à elles seules ces écarts. Pour préciser leur effet, on peut procéder de deux façons.

La première consiste à détailler davantage les catégories comparées, ce qui atténue les différences liées au niveau de revenu, aux conditions de vie hors travail, à l'accès aux soins, etc. Parmi les ouvriers imprimeurs de la presse parisienne en vie à l'âge de 55 ans, la probabilité de décéder avant d'avoir 70 ans est plus élevée pour les rotativistes [Teiger *et al.*, 1981], ce qui peut être relié à leurs conditions de travail spécifiques : davantage d'heures de nuit et d'exposition aux toxiques.

Une autre voie consiste à se limiter aux causes de décès pour lesquelles on sait évaluer convenablement la fraction attribuable aux expositions professionnelles. Ainsi, certaines études indiquent qu'environ la moitié des différences sociales dans la mortalité par cancer du poumon chez les hommes serait attribuable à des expositions professionnelles [Herbert et Launoy, 2000].

font l'objet de controverses : par exemple sont-ils inoffensifs en deçà d'une certaine dose ou d'une certaine concentration ? La composition des produits utilisés sur les lieux de travail, ou engendrés par les processus de production, n'est pas toujours connue de façon précise, surtout quand il s'agit d'expositions passées lors d'itinéraires parfois chaotiques [Thébaud-Mony, 2006]. D'autre part une grande partie des cancers ont plusieurs causes : un cancer peut être dû à la conjonction de facteurs dont les uns sont liés à la situation professionnelle et d'autres à la vie hors travail.

Les experts peuvent consciemment ou non privilégier la cause sur laquelle il leur paraît le plus aisé ou le plus souhaitable d'agir. Les inégalités sociales de mortalité par cancer sont souvent attribuées à la consommation d'alcool et de tabac des ouvriers mais cette affirmation doit être prise avec prudence. En effet, les cancers doivent être rapportés aux habitudes tabagiques qui sévissaient vingt ou trente ans avant le moment où ils se déclarent. Les écarts de consommation de tabac entre les ouvriers et les autres salariés étaient faibles jusqu'à la fin des années 1970. Le tabac ne semble donc pas pouvoir expliquer l'ampleur des différences de mortalité observées dans les années 1980 et 1990.

Selon l'enquête SUMER, conduite par les médecins du travail en 2003, 13 % des salariés sont exposés à au moins une substance cancérogène [Guignon et Sandret, 2005]. 670 000 salariés sont en contact avec les huiles minérales. Convenablement purifiées, celles-ci ne sont pas cancérogènes quand elles sont neuves, et ne sont donc pas étiquetées comme telles. Mais elles peuvent devenir cancérogènes quand elles subissent des transformations chimiques à haute température : par exemple lors de travaux d'électro-érosion ou dans un moteur. L'exposition aux huiles minérales est très répandue chez les ouvriers de la mécanique auto et de la transformation des métaux. Dans ces deux branches, les dispositifs de protection, collectifs comme individuels, font généralement défaut. Ils sont plus courants dans l'industrie automobile : ventilation ou protections cutanées.

Second produit cancérogène par le nombre de travailleurs concernés (380 000), les poussières de bois sont susceptibles de causer des tumeurs de l'ethmoïde et des sinus de la face. La majorité des ouvriers qualifiés du bois et de l'ameublement sont exposés (souvent à un niveau important faute d'une prévention convenable), ainsi que de nombreux menuisiers du secteur de la construction.

Dans l'industrie chimique et parachimique, les substances cancérogènes sont souvent bien identifiées. Les protections sont répandues, le plus souvent collectives (donc plus efficaces car le travailleur n'est pas soumis à la tentation de s'en passer pour faire plus commodément son travail). Le nombre de travailleurs exposés est limité et le niveau d'exposition est modéré, à condition toutefois que le risque potentiel soit bien identifié. Ainsi, dans le cas du benzène (47 000 salariés exposés), les travailleurs de la chimie bénéficient généralement de protections. Ce n'est pas le cas pour les mécaniciens auto, car le benzène présent dans l'essence est « invisible », tant le contact avec l'essence fait partie du métier ; curieusement, la législation renforce cette conception, puisqu'elle désigne bien comme toxique l'essence servant à nettoyer des pièces, mais non celle servie à la pompe.

Quant à l'amiante, il est susceptible d'engendrer (outre l'asbestose) des cancers de la plèvre. C'est seulement quand les dangers de l'amiante ont été révélés au grand public [Henry, 2004], qu'on a pris conscience de sa présence massive dans des isolants, des enduits, des sols plastique ou en fibrociment. De nombreux travailleurs du bâtiment étaient exposés sans que les médecins du travail en soient informés ou conscients. Depuis 1997, l'amiante n'est plus autorisé que pour certains usages particuliers. Mais l'exemple montre bien que les évaluations de risques réalisées par des experts ne sont pas intangibles.

*Les agents biologiques*

De nombreuses professions sont exposées à des agents biologiques (virus, bactéries, champignons, parasites...) capables de provoquer une infection, une allergie ou une intoxication.

Certaines expositions sont dites « délibérées » : un agent biologique déterminé est utilisé dans le processus de travail. Ces expositions sont en principe bien repérées. L'enquête SUMER évalue à 72 000 le nombre de travailleurs « délibérément » exposés, dont la moitié dans des organismes de recherche [Guignon et Sandret, 2006]. Les expositions « potentielles » sont bien plus nombreuses : il s'agit des salariés en contact, plus que la population moyenne, avec des agents biologiques, en général inconnus *a priori*. Les médecins du travail évaluent à 2,6 millions le nombre de salariés ainsi exposés. Parmi eux, 1,6 million, soit 9 % des salariés, sont potentiellement exposés du fait de leur travail au contact d'humains. Il s'agit principalement des personnels soignants, en raison de gestes médicaux invasifs (piqûres, incubations, poses de sondes) ou de gestes techniques de laboratoire. Par ailleurs, 390 000 personnes sont exposées en raison d'activités qui les mettent en contact avec des animaux ou leurs produits. L'agriculture et les industries agricoles et alimentaires sont bien sûr en première ligne. Un troisième groupe important (320 000 personnes) est constitué par les activités d'assainissement : traitement des déchets, des eaux usées et de l'eau potable, maintenance de climatisation.

Les salariés eux-mêmes sont beaucoup plus sensibles que les médecins du travail aux risques infectieux : selon l'enquête de 2005 sur les conditions de travail, ils sont 6 millions à estimer être exposés à un tel risque au cours de leur travail. Les médecins se sont fondés sur la législation, qui n'inclut pas le face-à-face avec le public parmi les situations à risque. La forte préoccupation des salariés en matière de risques biologiques est à prendre au sérieux, même en l'absence d'un danger objectivement confirmé. Ainsi, les travailleurs courant un risque, même minime, de contracter le sida, pour lequel il n'existe pas de traitement pleinement efficace, peuvent en être très inquiets. Tel peut être le cas pour les coiffeurs et les dentistes.

*Les contraintes physiques*

À l'enquête de 2005 sur les conditions de travail, plus de la moitié des salariés déclarent « rester longtemps debout » ; 34 % disent « rester longtemps dans une posture pénible », 39 % « porter ou déplacer des charges lourdes », 36 % « faire des mouvements

**Les allergies d'origine professionnelle**

Les risques allergiques constituent une préoccupation croissante. Le contact, cutané ou respiratoire, avec des allergènes est fréquent à l'occasion du travail. Ces allergènes peuvent être des agents biologiques ou des produits chimiques, naturels ou de synthèse. La fréquence des maladies allergiques est sans doute augmentée par une sensibilisation liée à l'environnement hors travail. La présence de nombreuses molécules, souvent mal identifiées, dans les environnements de travail est également en cause. Ces maladies, fréquentes, ne sont pas forcément graves. Mais les troubles qu'elles créent, même modérés, obligent fréquemment à quitter l'emploi.

douloureux ou fatigants » et 15 % « subir des secousses ou des vibrations ». Ces proportions sont voisines de celles constatées à l'enquête précédente en 1998, elles-mêmes pour la plupart en forte progression par rapport aux enquêtes encore antérieures.

Ces sollicitations physiques peuvent ou non entraîner un risque d'atteinte à la santé des salariés : cela dépend de leur intensité, de leur durée ou de leur fréquence, de leur combinaison avec d'autres contraintes.

Les pathologies sont particulièrement probables lorsque le travailleur n'a pas le choix de la façon de procéder, soit pour des raisons techniques, soit en raison de la rigidité de l'organisation du travail, soit encore parce qu'il doit faire face à une urgence [Derriennic *et al.*, 2001]. Les formes d'organisation actuelles multiplient à la fois les transferts de produits et les situations d'urgence, et il n'est pas surprenant que les salariés déclarent de plus en plus souvent manipuler des charges lourdes. À la longue peuvent se produire des atteintes de la colonne vertébrale, des hernies discales, des sciatiques, des lumbagos.

Depuis une vingtaine d'années, l'attention s'est portée sur la recrudescence des « troubles musculo-squelettiques » (TMS). Il s'agit d'atteintes péri-articulaires, tendinites, syndromes du canal carpien (compression d'un nerf au niveau du poignet), dorsalgies, cervicalgies. Ces atteintes, douloureuses et souvent invalidantes, obligent fréquemment à des interventions chirurgicales. Certaines de ces pathologies peuvent survenir à la suite d'efforts de courte durée où une articulation est en position forcée. Mais, le plus souvent, elles résultent de l'exécution de gestes répétitifs, avec des traumatismes de faible intensité qui engendrent à la longue des lésions irréversibles. Le froid, les vibrations, la manipulation de charges lourdes sont des circonstances aggravantes [Leclerc *et al.*, 1998 ; Aptel *et al.*, 2005]. On parle selon le cas de « syndromes d'hypersollicitation », ou de « lésions pour efforts répétés ».

Pratique ancienne, le travail répétitif ne peut expliquer à lui seul l'épidémie de TMS constatée au cours des années 1980 et 1990 dans l'ensemble des pays industrialisés. Elle peut être considérée comme un signe de l'intensification du travail (voir p. 68). Les épidémiologistes et les ergonomes mettent en cause l'aggravation des contraintes de temps, dans des emplois de bureau comme sur certains postes industriels [Bourgeois *et al.*, 2006]. L'urgence contraint à opérer de la façon la plus rapide, en sollicitant toujours les mêmes muscles ; ou à intervenir dans des postures malcommodes au prix d'efforts ponctuels intenses. La diminution des temps de pause informels est particulièrement néfaste. Enfin la tension causée par la pression temporelle joue par elle-même un rôle dans l'apparition de pathologies [Daniellou, 1998a ; Roquelaure *et al.*, 2003].

Les troubles musculo-squelettiques représentent la principale cause de maladie professionnelle indemnisée et leur nombre augmente chaque année. Cependant, selon les observations des médecins du travail et les enquêtes épidémiologiques, la plupart des atteintes musculo-squelettiques d'origine professionnelle ne sont pas reconnues ni même déclarées comme maladies professionnelles.

### *Le bruit*

Le bruit subi au cours du travail est la cause de nombreuses maladies. Le risque le plus évident est celui de troubles de l'audition, allant jusqu'à la surdité. La réglementation considère qu'il y a risque lorsque le niveau sonore dépasse 85 décibels A toute la journée ou qu'il atteint 135 dbA pour les bruits les plus forts (le dbA est une mesure de l'intensité sonore tenant compte de la sensibilité différente de l'oreille humaine aux sons plus ou moins aigus). « La fixation de ces niveaux d'exposition sonore est le résultat d'un consensus social, certains salariés pouvant développer des pathologies auditives pour des niveaux inférieurs d'exposition » [Héran-Leroy et Sandret, 1997b].

Le bruit peut aussi entraîner des insomnies, des troubles digestifs, de la fatigue, rendre irritable, au travail ou après le travail, ou causer de l'hypertension artérielle. De tels risques sont présents même pour des bruits sensiblement inférieurs au seuil des 85 dbA. Ils sont liés à la nature du bruit et à la nature du travail. Le bruit est mieux supporté s'il est produit par le travailleur lui-même dans l'exécution de sa tâche. Au contraire un bruit purement subi, dépourvu de signification en lien direct avec le travail, peut être très pénalisant à la longue : tel peut être le cas de la « musique d'ambiance » dans certains commerces. Par ailleurs, plus le travail exige d'attention et de concentration, plus le bruit est gênant. Il peut empêcher la perception de signaux sonores utiles. Il trouble la communication. Il peut donc entraîner des difficultés pour coopérer, des pénibilités psychologiques et des risques d'accidents.

Selon les médecins du travail [Magaud-Camus *et al.*, 2005], en 2003, 7 % des salariés étaient exposés à des « bruits nocifs » : dépassant les 85 dbA pendant plus de vingt heures par semaine, ou comportant des chocs ou impulsions. La proportion s'élève à 17 % chez les ouvriers. Parmi ces derniers, près d'un tiers ne dispose pas de protections auditives (casques ou bouchons d'oreilles).

*Les contraintes psychologiques*

Les connaissances en psychopathologie du travail prennent rarement la forme de diagnostics constitués, même s'il est certain que les conditions de travail jouent un rôle dans la survenue, ou la prévention, de certaines dépressions, par exemple [Guiho-Bailly, 1998]. Citons cependant l'étude fondatrice sur la « névrose des téléphonistes et des mécanographes » [Le Guillant et Begoin, 1957], ainsi que les nombreux travaux sur les syndromes d'épuisement professionnel ou *burn out*, constatés surtout dans des services sanitaires ou sociaux, et dus à une combinaison de fatigue extrême et d'insatisfaction chronique vis-à-vis des résultats du travail [Loriol, 2003].

Un niveau élevé de contraintes dans le travail, mais surtout un déséquilibre entre les efforts déployés et la rétribution perçue en retour augmentent le risque de troubles psychiatriques [Vézina *et al.*, 2006 ; Siegrist, 2002]. À l'inverse, l'autonomie décisionnelle, l'accès aux informations en provenance de la hiérarchie, l'appui de l'encadrement ou des collègues sont autant de facteurs qui protègent contre la maladie mentale. Avec la crise du travail et l'accentuation considérable de la pression sur les salariés à partir du milieu des années 1980, la souffrance psychique au travail a émergé comme un problème de premier plan dans l'ensemble du monde occidental. En 1990, Robert Karasek, un des auteurs qui ont marqué la réflexion sur le stress professionnel (voir p. 60), affirmait que plus d'un tiers des problèmes de santé mentale pouvait être attribué au milieu de travail.

La pénibilité psychologique du travail est encore plus difficile à mesurer que sa pénibilité physique. Mais les enquêtes statistiques permettent d'avoir une idée de la prévalence de certaines contraintes.

Les capacités cognitives et l'attention sont fortement mobilisées : les trois quarts des salariés déclarent que leur travail leur permet d'apprendre des choses nouvelles et 29 % que leur travail est souvent complexe. La nécessité de ne pas quitter son travail des yeux est signalée par plus d'un sur trois et celle de faire attention à des signaux visuels ou sonores imprévisibles ou difficiles à détecter par un sur cinq.

La mobilisation psychique des travailleurs est forte et se manifeste notamment par un sentiment de responsabilité : 63 % des salariés estiment qu'une erreur de leur part peut entraîner des conséquences graves sur la qualité et 51 % des coûts financiers importants : sentiment soutenu par la crainte de sanctions à leur égard (60 %). Cette mobilisation psychique renforce l'impact des autres conditions psychologiques de travail.

C'est peut-être la raison pour laquelle tant de salariés déclarent être amenés à être en contact avec des personnes en détresse (38 %) ou à devoir calmer des gens (47 %). Ces situations pénibles font partie du métier des soignants, des enseignants, des policiers, mais aussi, par exemple, d'agents de services sociaux [Dubois, 1999]. Dans d'autres professions, elles se présentent plus rarement, mais marquent les esprits.

Les agressions verbales ou physiques sont traumatisantes et restent aussi en mémoire : elles sont signalées, respectivement, par 39 % et 13 % des salariés. La violence fait partie de l'exercice normal de certaines professions comme la police ou l'armée. Les personnels développent pour la supporter des défenses psychologiques individuelles et collectives généralement efficaces bien que celles-ci puissent parfois être débordées. Mais la violence peut aussi faire irruption dans des professions où elle n'est pas « normale » : employés de banque victimes d'un vol à main armée, conducteurs d'une rame de métro sous laquelle se jette un suicidaire, enseignants ou pompiers agressés par des jeunes en désinsertion sociale… Ces situations sont souvent très mal vécues et peuvent être la source de troubles.

Les situations de tension concernent en premier lieu les rapports avec les clients ou le public : 29 % des salariés signalent qu'elles se produisent « souvent ou suffisamment pour perturber le travail » [Bué *et al.*, 2007]. En effet, les clients se comportent de plus en plus en prescripteurs [Jeantet, 2003]. Mais les tensions avec la hiérarchie (26 %), voire les collègues (19 %), sont aussi assez fréquentes.

Ces situations de tension sont souvent l'indice d'un mauvais fonctionnement de l'organisation. Nous reviendrons au chapitre v sur l'impact de l'organisation du travail. Cet impact est encore plus clair dans le cas des salariés qui disent « devoir fréquemment abandonner

## Harcèlements

À la fin du siècle dernier, l'attention a été attirée en France sur le « harcèlement moral » qui peut s'exercer à l'intérieur même des organisations de travail [Hirigoyen, 1998]. Ces persécutions ouvertes ou insidieuses sont aujourd'hui difficiles à fuir parce que le salarié qui en est victime hésite à quitter son emploi à cause du chômage élevé. Mais l'expression « harcèlement moral » recouvre des réalités diverses. Il peut résulter de l'action d'une personne perverse. Plus souvent, le harceleur est une personne ordinaire dont les tendances perverses, présentes chez tout individu, sont sollicitées pour certaines formes de management : le but est de pousser un salarié à démissionner ou à demander sa mutation. D'autres formes de violence morale (et parfois physique) s'apparentent au « bizutage » : elles visent à forcer un individu à intégrer les valeurs ou l'idéologie d'un groupe de collègues.

Le harcèlement moral est rapidement devenu un concept juridique : il est défini et réprimé par la loi. Reconnaître leur qualité de harcelé peut, certes, apporter un réconfort à des personnes dont l'identité professionnelle et personnelle a été atteinte. Néanmoins, les victimes peinent souvent à faire reconnaître ce délit. Surtout, une solution durable ne peut venir que de la mise au jour et la transformation de ce qui dans, l'organisation, a causé, favorisé ou permis le harcèlement [Cru, 2001].

Quant au harcèlement sexuel, il peut être nié (« les hommes et les femmes sont ainsi »), imputé à la victime (« trop aguichante ») ou au harceleur (c'est désormais le point de vue du code pénal) ou analysé comme une condition de travail : les entreprises devraient prévenir le problème, par exemple en limitant les situations de pouvoir dont on peut être tenté d'abuser ou en créant des instances de plainte et d'écoute.

Harcèlement moral et harcèlement sexuel ne sont pas mesurés dans les enquêtes nationales françaises sur les conditions de travail. Les chiffres fournis par les enquêtes européennes montrent que le degré d'objectivation et le caractère dicible de ces situations varient considérablement d'un pays à l'autre. Il est surprenant de constater que 8 % des salariés français s'estiment victimes de harcèlement moral, mais que le pourcentage est encore plus élevé dans plusieurs autres pays.

une tâche pour une autre plus urgente » et que c'est un « aspect négatif » de leur travail (23 %), ou dans celui des salariés qui reçoivent des indications contradictoires (33 %). Ces pénibilités mentales relèvent de la « dissonance cognitive », au sens large. En relève également la « souffrance éthique » [Dejours, 2000]. Cette souffrance est, notamment, le fait de travailleurs qui sont amenés à réaliser des tâches contraires à leurs convictions, aux normes sociales auxquelles ils adhèrent ou à la conception du travail bien fait développée par leur groupe professionnel. C'est un effet fréquent des changements d'orientation dans la gestion des entreprises et des administrations, et de l'implantation de méthodes managériales dans des univers auxquels elles sont mal adaptées. En 2005, la majorité des salariés (52 %) déclarent qu'il leur est, au moins parfois, impossible de respecter à la fois la qualité et les délais imposés, et 11 % que c'est souvent le cas.

D'autres pénibilités psychologiques sont liées à des formes plus anciennes d'organisation, d'inspiration taylorienne ou fayolienne. Plus du quart des salariés jugent que leur travail consiste à répéter continuellement une même série de gestes ou d'opérations et 7 % signalent même un temps de cycle inférieur à une minute. Certains salariés ne se voient concéder qu'une autonomie procédurale limitée, voire nulle : 18 % n'ont aucun choix dans leur façon de procéder et 28 % font systématiquement appel à d'autres personnes dès que quelque chose d'anormal se produit. Il s'agit là d'une « amputation du pouvoir d'agir » [Clot, 2000]. Mais une telle amputation peut être due à d'autres causes, comme une intensité trop élevée du travail.

## L'importance des « petits » troubles de santé

« À chaque âge, les troubles du sommeil sont plus fréquents chez les salariés en horaires décalés que chez ceux qui n'ont jamais connu ce type de contrainte. Les salariés anciennement en horaires décalés, mais qui n'y sont plus soumis, présentent des niveaux de troubles intermédiaires entre les "exposés actuels" et les "jamais exposés" » [Derriennic *et al.*, 1999]. Ce problème de santé — les troubles du sommeil — peut être jugé mineur, mais parfois il devient insupportable, entraîne des difficultés pendant la journée de travail, et débouche sur une fragilisation de la santé, voire de l'emploi. L'état du sommeil chez les anciens postés suggère qu'ils présentaient de nombreux troubles quand ils ont quitté les horaires décalés — le mauvais sommeil a pu expliquer en partie le changement d'horaire —, mais aussi qu'ils n'ont pas tous récupéré une bonne qualité de sommeil en revenant à des horaires diurnes et réguliers.

Ces résultats proviennent d'une enquête spécifiquement conçue pour étudier les liens entre santé, travail et vieillissement, l'enquête ESTEV. Dans cette enquête, 20 000 salariés ont été interrogés en 1990 et 1995 sur leur santé et sur leurs conditions de travail actuelles et passées. Parmi les nombreux résultats produits [Derriennic *et al.*, 1996 ; colloque, 2001], plusieurs confirment l'intérêt d'étudier les « petits troubles » apparus au fil de l'âge en relation avec les conditions de travail.

Par exemple, la fréquence des douleurs lombaires est liée statistiquement à l'âge, mais aussi aux efforts physiques au cours de la vie professionnelle, ainsi qu'à l'organisation du travail : le fait de déclarer « ne pas avoir les moyens (temps, informations, matériel) pour réaliser un travail de bonne qualité » est fortement lié aux lombalgies. Le déséquilibre perçu entre objectifs et moyens révèle un manque de marge de manœuvre pour les stratégies de travail du salarié. Ces stratégies (préparation, choix d'outils, coopérations...) échouent si l'organisation du travail ne s'y prête pas. Dès lors, le travailleur aura davantage recours à une sollicitation forte de son propre corps. L'insuffisance des marges de manœuvre a des conséquences dans d'autres domaines : la consommation de somnifères et de tranquillisants chez les femmes employées de bureau progresse avec l'âge, mais cette progression n'est importante que pour les employées travaillant souvent dans l'urgence.

Dans les formes actuelles d'organisation, les salariés sont rendus eux-mêmes responsables du maintien de leurs compétences, de leur « employabilité ». Or ils n'en ont pas toujours les moyens. Des conditions de travail qui ne sont pas « soutenables » (au sens où les écologistes parlent de « développement soutenable ») deviennent donc très pénalisantes, même sans provoquer de maladies graves. Des déficiences légères de santé peuvent influer sur le maintien ou non dans l'emploi. Si la vue baisse, la position du dos se modifie pour diminuer la distance entre l'œil et la tâche. Ce changement de posture pourra avoir des conséquences sur l'état de la colonne vertébrale. Si celle-ci donne des signes de fragilité, le travailleur devra peut-être changer de poste de travail, avec des risques pour le maintien de sa qualification, de sa satisfaction au travail et de son emploi [Dessors *et al.*, 1991]. Par exemple il sera affecté dans un secteur de l'entreprise abrité des contraintes les plus intenses, mais fragile dans son existence même, et supprimé lors d'une restructuration quelques années plus tard. Lors des licenciements collectifs, des critères de santé, *a priori* méconnus par les décideurs, s'avèrent après coup avoir un lien avec la désignation des salariés à licencier [Davezies, 1994]. Des enquêtes longitudinales établissent un lien très fort entre un état de santé déficient et le risque de perdre son emploi [Saurel-Cubizolles *et al.*, 2001]. L'itinéraire professionnel antérieur des chômeurs est parfois émaillé d'avis d'inaptitude [Frigul, 1998], eux-mêmes liés aux séquelles d'accidents du travail, ou à des maladies professionnelles même bénignes, comme des dermatoses allergiques.

## Conditions de travail et construction de la santé

Maladies, troubles, douleurs, usure professionnelle relèvent d'une politique de prévention. Mais le travail est aussi — ou devrait être — un puissant opérateur de construction de la santé. Aborder cette question suppose de prêter attention aux formes de mobilisation de la personnalité dans le travail. En France, cette problématique est portée essentiellement par des chercheurs en psychologie du travail. Elle se nourrit cependant des apports de disciplines voisines : ergonomie, sociologie, psychosomatique et psychanalyse.

En présentant les fondements théoriques de cette approche de la santé, Christophe Dejours [1995] rappelle d'abord que celle-ci ne doit pas être « considérée comme un don de la nature, que des événements malheureux viendraient perturber ou ruiner ». La santé parfaite est un idéal jamais atteint ; mais un équilibre satisfaisant ou acceptable peut s'établir, un état où les maladies sont stabilisées et les souffrances compensées. Dejours donne à cet état le nom de « normalité », vers laquelle convergent les stratégies de défense individuelles et collectives. Mais être normal, ici, c'est bien autre chose qu'être normalisé ou mis au pas. La normalité comprend la participation à un système collectif de normes, mais aussi la capacité à s'orienter dans plusieurs systèmes normatifs différents et donc à être en position de subversion par rapport à chacun. Yves Clot [1999a] reprend, à propos du travail, l'idée de Georges Canguilhem [1984] selon laquelle se sentir en bonne santé, c'est « se sentir plus que normal », « capable de suivre de nouvelles normes de vie ».

Or les logiques des concepteurs, des prescripteurs, des organisateurs, quels que soient leurs efforts pour limiter les contraintes ou les risques, sont étrangères aux processus mobilisés pour conquérir la santé [Davezies, 1993]. Car ces processus sont à l'œuvre dans le travail réel au cours duquel le sujet va mettre en œuvre son intelligence et sa créativité, contribuer ainsi à transformer le travail. À cette condition, il peut se servir du travail pour s'accomplir soi-même.

Le succès n'est pas acquis d'avance. Cette mobilisation créatrice implique une dynamique collective, l'engagement de chacun, en contrepartie d'une « reconnaissance » [Dejours, 1995] : ce travail est utile, il est réalisé dans les règles de l'art, il porte aussi la marque singulière de celui qui l'a réalisé. Pour Dejours, cette reconnaissance est avant tout celle que manifestent les pairs, les collègues de travail.

Cette dynamique suppose une visibilité suffisante du travail de chacun. Mais ce besoin de visibilité peut se trouver en contradiction avec l'intimité que nécessite l'élaboration des stratégies de travail : la question de la confiance entre collègues de travail, de la production des « règles du métier » [Cru, 1987], de la construction du « genre professionnel » [Clot, 1999b] est ainsi posée.

Le rapport des individus à leur travail est traversé de contradictions. Le travail peut être à la fois détesté en lui-même et valorisé comme emploi, comme envers du chômage et de l'inactivité, par les femmes notamment, car il est le moyen d'échapper à la sujétion domestique [Maruani et Nicole, 1989 ; Maruani, 2000]. La privation de travail, le chômage, retentit sur toute la vie psychique et sociale des individus [Lazarsfeld *et al.*, 1981 ; Schnapper, 1981 ; Tarty-Briand, 2004]. Le travail peut être aussi valorisé à travers la résistance à son exploitation, à la souffrance qu'il cause : c'est l'« ambiance », le fait de « rigoler avec les copains », le vol d'un instant de temps libre, qui font supporter les conditions du travail industriel, et qui, du même coup y attachent.

L'ambivalence du rapport au travail, le fait que celui-ci soit source de souffrance mais aussi de plaisir, l'écart entre la vision subjective du travail et sa réalité objective (ou plutôt sa description objectiviste, qui ne tiendrait pas compte de la subjectivité des travailleurs) sont des conditions nécessaires à l'accomplissement du travail [Bourdieu, 1996]. C'est particulièrement vrai dans les organisations modernes, qui cherchent à mobiliser méthodiquement la subjectivité des salariés au bénéfice de l'entreprise.

L'analyse des réponses à une enquête statistique ENS-INSEE sur « travail et modes de vie » [Baudelot *et al.*, 2002] montre qu'à côté d'un degré plus ou moins grand de bien-être au travail les personnes expriment le poids du travail dans leur vie et la pression ressentie au travail. Les principales composantes du statut social, capital économique, capital culturel, responsabilités hiérarchiques contribuent à la fois au bien-être et à la pression : elles amènent un auto-investissement, source à son tour de bénéfices matériels et moraux. La pression résulte de la durée et de l'intensité du travail et de l'incertitude économique : elle est accrue s'il y a risque de licenciement ou chance de promotion.

L'expression de la souffrance au travail n'est pas exactement le négatif de celle du bien-être : l'absence de satisfaction combinée à une forte pression crée le malheur, mais il existe aussi des situations où le travail tolère le retrait, le faible investissement dans le travail. *A priori*, ne pas exprimer de souffrance n'est pas l'indice sûr d'une situation favorable. D'une part, la souffrance peut être ressentie, mais pas exprimée. D'autre part, prendre conscience de sa souffrance participe à la construction de l'être humain (de ce point de vue, pour le clinicien, l'expression de la souffrance ne justifie pas en elle-même une prise en charge). Mais, dans l'étude de Baudelot et Gollac, l'expression de souffrances est statistiquement associée à l'absence de perspectives. De plus, elle est liée à une faible autonomie et à une forte pression : ces conditions empêchent l'individu concerné de développer une activité authentiquement personnelle, de trouver une issue positive aux difficultés qu'il ressent. Cette souffrance traduit une pression subie et non intériorisée. Elle ne résulte pas d'une condition commune à de larges groupes, mais de situations individuelles, qui ne trouvent pas aisément de formulation collective. L'expression de la souffrance au travail est étroitement liée à la déclaration de mauvaises conditions de travail : les causes en sont les mêmes. L'intensité du travail peut empêcher de concilier les exigences de son travail et celles de sa santé. En même temps, un travail intense et prenant, auquel on n'arrive pas à faire face, est cause de malaise moral.

Les situations de retrait sont caractéristiques des salariés peu qualifiés. Le malheur au travail, lui, touche certes préférentiellement les catégories populaires, mais aussi les catégories dominantes ou petites-bourgeoises. Que le malheur touche ainsi des personnes appartenant à des groupes divers facilite son déni : on a affaire à des individus qui craquent et qu'on peut accuser d'être déprimés, douillets, ou paresseux. Dans un contexte de forte pression, des collègues pourront porter des jugements moraux négatifs, au nom des valeurs du travail ou de la virilité, voire au nom de l'égalité rompue par ceux qui n'assument pas leur part de travail [Beaud et Pialoux, 1999]. Le problème est alors de transformer des souffrances individuelles en cause collective [Boltanski *et al.*, 1984]. Cette souffrance qui ne trouve pas aisément une expression politique est cependant vécue comme une iniquité : les mauvaises conditions de travail, le sentiment que l'emploi n'est pas sûr engendrent le sentiment d'être mal payé par rapport à son travail [Godechot et Gurgand, 2000], d'être exploité. Inversement les formes enracinées de résistance à la domination par le retrait ne sont pas exemptes d'une forme paradoxale d'adhésion : comme on peut s'impliquer « juste ce qu'il faut » dans son travail, on a le sentiment d'un échange en quelque sorte équilibré avec l'entreprise.

Selon Baudelot et Gollac, le souhait de voir l'un de ses enfants embrasser sa propre profession serait particulièrement typique du « bonheur » au travail. Au contraire le « malheur » se caractériserait par le sentiment que son emploi est menacé ou que le travail vous vieillit prématurément. Les personnes mettent donc au centre de leur rapport subjectif au travail le caractère « soutenable » de celui-ci. La vision spontanée rejoint ici les conceptions des psychologues et des sociologues : une situation de travail est bonne quand elle donne au travailleur la possibilité de maîtriser son avenir et de s'y projeter.

## La répartition des contraintes de travail selon l'âge

Dans la plupart des analyses sur les parcours professionnels, les caractéristiques de la situation de travail elle-même, caractéristiques concrètes et souvent peu formalisées, sont peu prises en compte. Cependant, une première typologie des contraintes de travail, selon la place qu'elles occupent dans les itinéraires des salariés [Volkoff *et al.*, 1992], a été effectuée à partir de l'enquête ESTEV. Certaines contraintes sont « déclinantes » : elles étaient beaucoup plus fréquentes il y a vingt ou trente ans qu'aujourd'hui. Elles figurent donc surtout dans le passé professionnel des plus âgés. C'est le cas pour les longues durées hebdomadaires de travail, à cause des mesures de limitation de la durée maximale dans les années 1970. C'est le cas aussi pour l'exposition aux intempéries, parce que les emplois dans l'agriculture ou la pêche sont beaucoup moins nombreux à présent. D'autres contraintes s'avèrent « durables » : elles persistent d'une époque à l'autre, et concernent à peu près autant chaque génération. Elles durent aussi pour chaque salarié exposé, car celui-ci n'a que rarement la possibilité de s'en écarter au cours de sa vie active : ainsi les postures pénibles, l'exposition aux poussières ou aux agents infectieux. Il y a enfin des contraintes « stationnaires et sélectives » : elles ne régressent pas au fil du temps, mais la population concernée se renouvelle en partie. Environ la moitié des salariés exposés à un moment donné ne le sont plus au bout de dix ou quinze ans. Les horaires décalés ou le travail répétitif sous forte contrainte de temps relèvent de cette catégorie [Teiger, 1989].

La « démographie du travail » [Molinié et Volkoff, 2002] analyse ainsi la place des diverses exigences du travail, au long des itinéraires professionnels des actifs. On constate par exemple une diminution avec l'âge de la proportion de salariés occupant alternativement plusieurs postes — au niveau d'un secteur, d'un établissement, voire d'un atelier [Gaudart, 2003]. Cette diminution reflète trois mécanismes différents : l'affectation d'un titulaire unique, ancien, sur certains postes demandant une compétence spécifique ; une limitation avec l'âge du nombre de postes qu'il est possible physiquement de tenir ; et, dans certains cas, des difficultés particulières d'apprentissage chez les âgés.

La mobilité professionnelle est une stratégie protectrice vis-à-vis d'exigences devenues difficiles à supporter. Les « sorties » de l'exposition aux efforts physiques importants, aux cadences rigides ou aux horaires nocturnes, sont souvent des sorties de la catégorie ouvrière. Chez les femmes, devenir employée est même une condition nécessaire pour ne plus être astreinte aux cadences strictes, alors que les hommes ont davantage de possibilités d'y échapper tout en restant ouvriers.

Pour le travail à la chaîne, le type de sélection dépend du secteur : plutôt « sélection-réaffectation » dans un secteur comme l'automobile, où l'émergence progressive de difficultés pour tenir sur la chaîne quand l'âge s'élève pouvait naguère se résoudre grâce à un nombre suffisant de postes de travail hors chaîne (mais les possibilités de réaffectation tendent à se restreindre, car ces tâches hors chaîne sont de plus en plus sous-traitées) ; plutôt « sélection-exclusion » dans l'électronique ou l'habillement, où les fortes exigences de précision et de vitesse étaient assurées grâce à un recrutement permanent de très jeunes ouvrières et au départ de beaucoup d'entre elles avant 30 ans. Ce modèle de sélection-exclusion gagne du terrain.

## Les conditions de travail toléreront-elles le vieillissement ?

Le vieillissement de la population active est une tendance générale et durable [Blanchet, 2002]. La structure démographique de la population française est marquée par la forte natalité des années 1945 à 1970. Ces générations ont dépassé peu à peu les 50 ans. L'entrée dans la vie active se fait de plus en plus tard. Certes, les cessations d'activité se produisent tôt en France, au point que les deux tiers des personnes atteignant l'âge officiel de la retraite ne travaillent déjà plus depuis plusieurs années [Martin-Houssart et Roth, 2002]. Mais le scénario le plus plausible n'est pas, à l'avenir, le développement massif des préretraites, sauf peut-être dans des professions particulières. De plus en plus, pour les salariés vieillissants, il s'agira de conserver leur emploi ou de subir un chômage mal indemnisé. Or, en même temps, l'évolution des conditions de travail accentue des caractéristiques sélectives vis-à-vis de l'âge [Gaudart, 2006]. Des contradictions peuvent donc surgir de cette double évolution, du travail et des pyramides d'âge.

Les entreprises confrontées au vieillissement de leur population [Minni et Topiol, 2002 ; Jolivet et Volkoff, 2006] peuvent manifester une indifférence justifiée, car le vieillissement n'est pas toujours générateur de difficultés. Parfois aussi on croit régler le problème en confiant la gestion du vieillissement à des agents de maîtrise ou à des médecins du travail, mais leurs marges d'action se restreignent peu à peu. Certaines entreprises organisent des départs précoces ; mais ce mode de gestion, s'il se substitue à une réflexion sur les moyens de travail, diffère le problème, et le renvoie à des solutions tardives et moins bien élaborées, tandis que les nombreux quadragénaires continuent de vieillir.

Il peut enfin y avoir une volonté d'agir sur les conditions et l'organisation du travail. Une amélioration globale des conditions de travail facilite la « mise à l'abri » des opérateurs vieillissants vis-à-vis des exigences extrêmes, parce que celles-ci se raréfient — ce dont profitent les salariés de tous âges. On peut la compléter par des stratégies ciblées, pour préserver ou créer des postes à contraintes allégées (horaires de jour, contraintes de temps atténuées, efforts moindres) afin de réaffecter les salariés présentant des déficiences de santé, leur nombre pouvant croître quand la population vieillit [Molinié, 2006]. Enfin, il faut valoriser les atouts de l'expérience, ce qui suppose de comprendre comment l'activité de travail change au fil de l'âge.

## L'activité de travail se transforme avec l'âge

Les fonctions élémentaires, physiologiques et psychophysiologiques évoluent avec l'âge de façon très variable selon les individus [Laville, 1989 ; Delgoulet *et al.*, 2005]. Une partie des plus âgés maintient des performances fonctionnelles au moins égales, sinon supérieures, à la moyenne des jeunes. D'une fonction de l'organisme à l'autre, la baisse de performance s'enregistre très tôt ou très tardivement. Les déclins éventuels, dont certains sont accélérés sous l'effet du travail, peuvent aussi se trouver « révélés » par des conditions de travail perturbant la réalisation de la tâche. Ainsi les différences entre jeunes et âgés dans la compréhension de la parole sont faibles dans de bonnes conditions d'écoute, mais deviennent sensibles dans le cas contraire : réverbération sonore, interruptions, messages parasitants.

En outre, l'efficience du travail (produire un travail efficace en ménageant sa santé) ne dépend pas des seules performances fonctionnelles élémentaires. Elle dépend aussi d'une mobilisation combinée et judicieuse de ces fonctions. L'homme ou la femme au travail ne sont pas les spectateurs passifs du plus ou moins bon ajustement entre leur état fonctionnel et les exigences de leur tâche. Les compromis qu'ils élaborent dans la réalisation de l'activité ne sont pas stables. Chaque salarié les réaménage sans cesse pour tenir compte des changements techniques, des nouvelles organisations, et de son propre état, lequel se transforme avec l'âge. Au fil de la vie professionnelle, il accumule une expérience des situations de travail et une connaissance de son propre fonctionnement dans ces situations [Marquié, 1995]. Il puise dans cette expérience, et dans cette connaissance de soi, des possibilités d'ajuster ses façons de travailler. Mais ce n'est possible que si les conditions et l'organisation du travail le permettent [Volkoff *et al.*, 2000].

Ainsi, les charpentiers de différents âges [Marcelin et Millanvoye, 1983] mettent à peu près le même temps pour effectuer une même opération, mais les charpentiers âgés ont besoin pour cela de mieux assurer leur équilibre, en écartant les pieds. Or cet ajustement n'est possible que si l'espace de travail est assez large. De même, les ouvriers âgés sur chaîne de montage automobile [Gaudart, 1996] développent des tours de main pour diminuer les torsions du corps quand ils placent des boulons à des endroits peu visibles, et pour diminuer les déplacements vers les stocks de pièces. Ils maintiennent une précision de leurs gestes, évitant ainsi des chutes de pièces. Ils anticipent sur les opérations suivantes, selon les modèles qui se succèdent sur la chaîne, afin de conserver une stabilité de leur rythme de travail. Encore faut-il que l'organisation des postes le permette : espace, outils, repères pour identifier les modèles.

Les stratégies des âgés consistent aussi à anticiper des difficultés à éviter, des situations d'urgence qu'ils souhaitent raréfier, ou pour lesquelles ils souhaitent être préparés. Dans le contrôle de qualité en sortie de laminoir [Pueyo, 2000], les anciens multiplient les déplacements « préventifs », pour rechercher des informations sur l'état du process, gérer le matériel, afin de minimiser les incidents. Ils communiquent intensément avec les opérateurs en amont. Il s'agit là d'activités non prescrites, acquises par l'expérience. En les élucidant, on peut les préserver, voire les favoriser, lors des changements techniques ou organisationnels.

Certaines stratégies sont collectives. Sur un tronçon d'assemblage dans la construction d'avions, alors que tous les ouvriers savent effectuer chaque opération, et qu'aucun partage des tâches n'est prescrit, les plus âgés sont de fait « mis à l'abri » des exigences posturales les plus pénibles, et des contraintes de temps les plus serrées. Ils effectuent de préférence des tâches, exigeant un grand savoir-faire, où leurs rythmes et leurs gestes peuvent s'organiser de façon plus autonome [Millanvoye et Colombel, 1996]. Mais le caractère conflictuel ou coopératif des relations entre générations dépend de l'organisation de l'entreprise et du travail [Flamant, 2005].

Certaines stratégies collectives, forgées par expérience, impliquent la coopération non des collègues, mais des clients ou des usagers. Ainsi, les aides-soignantes à domicile expérimentées adoptent, avec les patientes dont elles s'occupent, des modes de relation favorisant les coopérations les plus efficientes [Cloutier *et al.*, 1999]. De même, Sandrine Caroly [2002] montre comment les guichetières de La Poste les plus anciennes réélaborent des règles de travail et les adaptent à la situation de face-à-face avec un client, quitte à transgresser, de façon maîtrisée, certaines consignes.

Pour les salariés vieillissants ces stratégies ont une grande importance. Leur santé ou leur maintien dans l'emploi peut en dépendre. C'est pourquoi ils craignent de ne pas réussir l'apprentissage de nouveaux postes avec ces mêmes objectifs d'économies. Ils sont donc parfois réticents à changer de travail, ou à développer leur polyvalence. Ces réticences s'atténueront si les conditions de travail leur laissent des marges de manœuvre suffisantes.

L'intensification du travail est difficilement conciliable avec une bonne régulation du vieillissement, qu'il s'agisse des modes opératoires eux-mêmes, ou de la construction de l'expérience au travers des formations, des parcours professionnels, des coopérations successives. Or les échecs dans les efforts pour concilier les exigences du travail et l'avancée en âge débouchent souvent sur deux conséquences : une aggravation des troubles de santé [Bardouillet *et al.*, 2006], et le souhait pour les plus âgés de quitter le travail dès que possible [Volkoff et Bardot, 2004]. Le débat social sur les fins de vie active peut difficilement faire l'économie d'une réflexion sur les conditions de travail.

## III / Les variations sociales des conditions de travail

Les groupes sociaux se constituent autour de catégories, de situations emblématiques. Les conditions de travail, et particulièrement les mauvaises conditions de travail, pouvant susciter la compassion, sont largement utilisées dans la mise en scène des identités collectives. Ce thème a été fortement mis en valeur au début des années 1970, même si l'importance numérique des conflits axés sur les conditions de travail est restée limitée. Face à la représentation, soutenue par le parti communiste et la direction de la CGT, d'une classe ouvrière identifiée aux ouvriers qualifiés de sexe masculin de la grande industrie, des courants sociaux-chrétiens, des courants d'extrême gauche, la CFDT ont tenté d'imposer une autre représentation, mettant en avant les inégalités plutôt que l'existence de classes. Leur figure emblématique était celle de l'ouvrier spécialisé travaillant à la chaîne ; l'accent était fortement mis sur les femmes et les travailleurs immigrés. Les discours proclamant la fin de la classe ouvrière décrivent, eux, un opérateur qualifié, autonome, disposant de marges de manœuvre appréciables et dont le travail, intellectualisé et aseptisé, consiste à surveiller un processus automatique à l'aide d'un écran relié à un ordinateur. La stigmatisation des fonctionnaires s'appuie sur la représentation d'un bureaucrate assis derrière un (confortable) bureau ; leur défense mettra en exergue une infirmière s'échinant à prodiguer des soins dans la solitude nocturne d'un hôpital. Cette utilisation politique des conditions de travail explique l'écart, souvent considérable, entre les images et la réalité des conditions de travail des groupes sociaux.

## La persistance du travail ouvrier

Leurs conditions de travail continuent à différencier les ouvriers de la masse des autres groupes sociaux : s'il y a, comme on peut le penser, déclin et dissolution du groupe ouvrier, la cause n'est pas à rechercher dans l'évolution du travail. Les ouvriers demeurent exposés aux pénibilités physiques, aux nuisances, aux risques d'accident, dans des proportions sans commune mesure avec la moyenne des autres actifs (*cf.* tableau 1). Les écarts entre ouvriers et non ouvriers se maintiennent ou s'accroissent [Gollac, 1998 ; Bué *et al.*, 2007].

Tableau 1. **Risques, nuisances et pénibilités du travail ouvrier**

| % de salariés qui déclarent... | Ouvriers | Non-ouvriers |
|---|---|---|
| Porter ou déplacer des charges lourdes | 64 % | 30 % |
| Travailler dans la saleté | 52 % | 18 % |
| Respirer des fumées ou des poussières | 64 % | 21 % |
| Être en contact avec des produits dangereux | 48 % | 21 % |
| Risquer d'être blessé ou accidenté | 83 % | 36 % |
| Avoir été victimes au cours de l'année précédant l'enquête d'un accident de travail qui les a obligés à se faire soigner | 13 % | 5 % |
| Ne pas pouvoir quitter leur travail des yeux | 51 % | 27 % |
| Devoir faire attention à des signaux visuels ou sonores brefs, imprévisibles ou difficiles à détecter | 35 % | 15 % |
| Travailler en équipes alternantes | 19 % | 5 % |

*Source* : enquête DARES de 2005 sur les conditions de travail.

L'automation n'a donc pas supprimé les spécificités du travail ouvrier : le travail « manuel » subsiste. Certaines pénibilités sont d'ailleurs liées au machinisme, comme le fait de ne pouvoir quitter son travail des yeux ou de devoir faire attention à des signaux imprévisibles ou difficiles à détecter. Mais l'importance du travail en équipes alternantes et du travail de nuit chez les ouvriers s'explique par l'état des rapports entre travail et capital (la rentabilisation du second l'emportant sur le confort du premier) plus que par des raisons techniques, qui ne concernent qu'une main-d'œuvre peu nombreuse. La domination subie par les ouvriers se manifeste aussi à travers la surveillance hiérarchique permanente dont nombre d'entre eux sont l'objet. Le travail ouvrier est fréquemment encadré par des dispositions disciplinaires (*cf.* tableau 2) : rigidité des horaires qui sont fixés par l'entreprise sans possibilité de les modifier, contrôle de la présence et de la ponctualité, réglementation des pauses.

L'infériorité sociale des ouvriers se traduit aussi par le peu de souci porté à leur confort. Ils disent souvent ne pas bénéficier de locaux sanitaires convenables, travailler dans des locaux sans vue sur l'extérieur et à la lumière artificielle. Beaucoup de postures ou de mouvements pénibles pourraient être évités si la conception des machines ou des séquences d'opération prenait en compte cette préoccupation. Paradoxalement, plus le groupe ouvrier se dissout, plus la position économique et politique des ouvriers s'affaiblit, plus les conditions de travail ouvrières ont de chances de perdurer.

Tableau 2. **L'encadrement strict du travail ouvrier**

| % de salariés qui déclarent que... | Ouvriers | Non-ouvriers |
|---|---|---|
| L'horaire de travail est déterminé par l'employeur sans qu'ils puissent le modifier | 85 % | 58 % |
| Ils ne peuvent interrompre momentanément leur travail quand ils le souhaitent | 45 % | 39 % |
| Le rythme de travail est déterminé par les contrôles au moins quotidiens de la hiérarchie | 40 % | 26 % |
| Ils vivent fréquemment des situations de tension avec leurs chefs | 27 % | 26 % |

*Source* : enquête DARES-INSEE de 2005 sur les conditions de travail.

Le travail ouvrier est marqué par les contraintes pesant sur le rythme de travail. La distinction entre déterminants sociaux et déterminants techniques des conditions de travail est ici peu pertinente : la spécificité ouvrière vaut à la fois pour les contraintes qui se présentent comme techniques et pour les contraintes clairement organisationnelles. La cadence de travail des ouvriers est souvent liée aux contrôles continuels opérés par leur hiérarchie. Elle est aussi, bien plus que pour les non-ouvriers, dépendante de normes ou de délais serrés.

Plus caractéristique encore du travail des ouvriers : 26 % voient leur rythme de travail imposé soit par le déplacement automatique d'un produit ou d'une pièce, soit par la cadence automatique d'une machine, contre 4 % des non-ouvriers. Ce type de contrainte est particulièrement pesant car on ne peut négocier avec une machine. En même temps, il n'est technique qu'en apparence, le réglage de la vitesse de fonctionnement des appareils concernés résultant en général de décisions de gestion. Quant au travail à la chaîne, qui constitue une forme de « contrainte automatique » parmi d'autres, il est presque exclusivement ouvrier, mais ne concerne que 11 % de la catégorie. Cette proportion modeste n'a pourtant pas diminué de 1978 à 2005. Elle a même augmenté parmi les femmes ouvrières et les travailleurs vieillissants. Dans les industries de la viande, le travail à la chaîne s'est encore répandu de 1998 à 2005 et fait toujours figure d'innovation organisationnelle. Dans l'automobile, on supprime un grand nombre de postes hors chaîne : les tâches correspondantes sont intégrées au travail en chaîne ou sous-traitées.

Les particularités du travail ouvrier ne doivent cependant pas faire croire à une coupure radicale vis-à-vis des autres salariés. Les employés de commerce et les employés des services personnels (*cf.* tableau 3) ont d'importantes contraintes physiques et leur travail est souvent répétitif [Chenu, 1994] : ceci rapproche ces catégories, formées surtout de femmes, des ouvrières. Comme les ouvriers, ces employés ont peu de marges de liberté pour leurs horaires, peu de possibilités de s'interrompre dans leur travail. Cependant leurs conditions de travail s'écartent nettement de celles des ouvriers en ce qui concerne les conditions d'hygiène, les nuisances, les risques, les déterminants du rythme de travail.

## Avantages et sujétions des cadres

Les conditions de travail des cadres sont certes bien différentes de celles des ouvriers, mais on ne peut se contenter de les décrire comme des privilégiés [Bouffartigue et Gadéa, 2000]. Ce groupe, tel que le définit l'INSEE, ne rassemble pas seulement les dirigeants mais un grand nombre d'ingénieurs, de cadres administratifs ou commerciaux souvent éloignés de la direction, les cadres A de la fonction publique, les professeurs et chercheurs, les médecins salariés, les artistes et les journalistes. Plus que par l'exercice de responsabilités, le travail des cadres est marqué par la nécessité d'être disponible à l'égard de l'entreprise et des clients.

Par rapport aux autres salariés, les cadres bénéficient avant tout de bonnes conditions de sécurité et d'hygiène. Leur travail est propre, ce qui a une valeur symbolique. Protégé des agressions de l'environnement, le corps du cadre est aussi relativement à l'abri des risques d'accident. Les seules exceptions sont, soit particulières à certaines professions (les risques infectieux), soit non spécifiques du travail (les accidents de la route).

Tableau 3. **Employé(e)s du commerce et des services : des conditions de travail souvent proches de celles des ouvriers**

| % de salariés qui déclarent… | Employés du commerce et des services | Ouvriers | Autres catégories |
|---|---|---|---|
| Rester longtemps debout | 78 % | 75 % | 32 % |
| Travailler dans une posture pénible | 43 % | 55 % | 22 % |
| Porter ou déplacer des charges lourdes | 57 % | 64 % | 21 % |
| Être en contact avec des produits dangereux | 29 % | 48 % | 18 % |
| Répéter toujours une même série de gestes ou d'opérations | 38 % | 47 % | 15 % |

*Source* : enquête DARES-INSEE de 2005 sur les conditions de travail.

L'étude des pénibilités confirme mais relativise l'image du travail des cadres comme n'exigeant pas un engagement du corps. Par rapport aux autres salariés, ils ont beaucoup moins d'efforts à réaliser et sont rarement exposés à des bruits très élevés ou à des vibrations. Mais 34 % d'entre eux doivent lire des lettres ou des chiffres petits, mal imprimés ou mal écrits, 12 % examiner des objets très petits ou des détails fins : ce qui peut obliger à prendre des attitudes causant éventuellement des douleurs ou des troubles divers. Il est vrai que ce genre de difficulté est fréquent pour les non-cadres aussi.

Les cadres échappent très largement aux inconvénients du « travail en miettes ». Mais 17 % d'entre eux, ce qui n'est pas négligeable, déclarent que leur cadence de travail est déterminée par les contrôles au moins quotidiens opérés par leur hiérarchie. Ils ont souvent des normes ou délais à respecter dans le cadre de la journée. Et ils sont presque aussi nombreux que les autres salariés à voir leur rythme de travail contraint par l'activité de leurs collègues.

Surtout, leur rythme de travail est déterminé par la demande des clients ou des usagers. Ils peuvent souvent s'arranger avec les délais, mais ils doivent en fin de compte satisfaire les clients : l'exigence de disponibilité se traduit par le sentiment de manquer de temps pour faire correctement son travail. Pourtant ils ne sont pas nombreux à juger que, pour faire correctement leur travail, la possibilité de coopérer leur manque. En effet, si, comme les autres salariés, les cadres ont recours à l'aide de leurs collègues de travail immédiats, ils s'appuient souvent sur des collègues éloignés, voire des personnes extérieures à l'entreprise, ce qui les distingue cette fois des autres catégories.

Tableau 4. **Les cadres : abrités, responsables, disponibles ?**

| **% de salariés qui déclarent que...** | **Cadres** | **Autres salariés** |
|---|---|---|
| Leur lieu de travail est sale | 8 % | 30 % |
| Ils ont été victimes d'un accident de travail (déclaré ou non) au cours des douze derniers mois | 2 % | 8 % |
| Ils travaillent dans une posture pénible ou fatigante à la longue | 13 % | 38 % |
| Ils ne peuvent entendre une personne qui leur parle à voix normale à 2 ou 3 mètres de distance | 7 % | 20 % |
| Leur travail exige de répéter toujours une même série d'opérations | 4 % | 32 % |
| Leur rythme de travail est déterminé par la demande des clients ou du public | 72 % | 64 % |
| Ils manquent de temps pour faire correctement leur travail | 37 % | 23 % |
| Ils travaillent 45 heures ou davantage par semaine | 41 % | 8 % |
| Ils bénéficient de la RTT | 50 % | 44 % |
| Ils bénéficient de la RTT sous forme de demi-journées ou journées qu'ils peuvent prendre comme ils le souhaitent | 29 % | 16 % |
| Il leur arrive de dépasser l'horaire sans bénéficier de compensation (salaire, repos...) | 79 % | 37 % |
| L'horaire de travail est déterminé par l'employeur sans qu'ils puissent le modifier | 35 % | 71 % |
| Une erreur de leur part aurait des conséquences graves sur les coûts financiers | 58 % | 49 % |
| Une erreur de leur part aurait des conséquences graves sur leur sécurité ou celle d'autres personnes | 24 % | 45 % |

*Source* : enquête DARES-INSEE de 2005 sur les conditions de travail.

Pour faire face à son travail, le cadre doit payer de sa personne, se constituer un réseau d'entraide personnel, ce qui est souvent incompatible avec une stricte séparation entre travail et hors travail. Le débordement du travail sur la vie hors travail est aussi manifeste en ce qui concerne les horaires. On peut estimer à 41 % la proportion de ceux qui travaillaient 45 heures par semaine ou davantage en 2005.

79 % des cadres, contre 37 % des autres salariés, déclarent qu'il leur arrive de dépasser leur horaire normal sans compensation salariale. Les cadres sont loin des 35 heures. Malgré tout, ils ont tiré un large bénéfice de la réduction du temps de travail : beaucoup plus souvent qu'aux autres salariés, celle-ci leur a apporté des

demi-journées ou des journées entières de congé qu'ils peuvent prendre comme ils le souhaitent. D'ailleurs, les cadres sont nombreux à déclarer déterminer eux-mêmes leurs horaires de travail. Il est vrai qu'il arrive à nombre d'entre eux d'emporter du travail à la maison.

Les avantages et les contraintes des cadres en matière d'horaires les distinguent de plus en plus des autres salariés [Amossé et Delteil, 2004]. Au contraire, le statut de cadre se confond de moins en moins avec le fait d'encadrer d'autres personnes [Wolff, 2005]. Et les non-cadres sont presque aussi enclins que les cadres à penser qu'une erreur de leur part aurait des conséquences graves sur la qualité. L'exercice de responsabilités spécifiques caractérise moins le travail des cadres que la nécessité d'être disponible.

Au total, les conditions de travail des cadres sont ambivalentes. Le fort investissement personnel auquel ils peuvent difficilement se dérober peut être vécu comme un choix, et la part importante du travail dans la vie comme une forme de bonheur. Maintenir un tel état d'esprit n'est pas toujours possible à long terme, surtout si la pression est trop forte.

## La flexibilité du service public

Le secteur de l'État et des collectivités publiques compte une proportion élevée de cadres, et peu d'ouvriers. Ses salariés sont souvent producteurs directs d'un service public, généralement au contact de ses bénéficiaires. Plus du tiers exercent des professions telles que médecin, infirmière, aide-soignant, enseignant, policier. Leurs horaires de travail sont ceux des services qu'ils délivrent.

Aussi les horaires atypiques (par exemple travailler certains dimanches ou certaines nuits) étaient-ils en 2005 plus répandus dans le secteur public que dans le secteur privé. Il est fréquent que le travail de service public ne tolère pas d'interruptions en dehors de pauses éventuelles. Ces rigidités (du point de vue des salariés) ne sont pas sans compensations. En dépit de la variabilité de leurs horaires, les salariés du secteur public se trouvent beaucoup plus rarement que ceux du privé en situation de les découvrir au dernier moment. Ils peuvent donc s'organiser plus aisément dans leur vie familiale. La flexibilité des horaires est plus grande dans le secteur public que dans le secteur privé mais elle est mieux régulée.

Autre aspect de la protection que le secteur public assure à ses salariés vis-à-vis des fluctuations de la demande : leur rythme de travail ne dépend pas plus étroitement de cette demande que dans le privé, où les activités de service direct n'ont pourtant pas la même importance. Certains agents du secteur public peuvent assez largement définir par eux-mêmes quelle demande est légitime et mérite qu'on la satisfasse [Boussard, Loriol et Caroly, 2006]. Mais certains aspects de l'organisation du secteur public permettent aussi de répondre à la demande en économisant l'effort. Les possibilités d'aide et de coopération face à une situation difficile y sont meilleures. Paradoxalement, les normes quantifiées, de type « bureaucratique », pèsent moins sur le rythme de travail des salariés que dans le secteur privé. Les procédures de qualité strictes, qui contraignent souvent l'activité de travail, sont aussi bien moins répandues.

Mais l'organisation dominante du secteur public n'a pas que des aspects favorables pour ses salariés. C'est surtout la tension dans le rapport avec les clients qui domine : 40 % des salariés du secteur public la signalent. De nombreuses études en sociologie, en psychologie ou en ergonomie ont éclairé le rapport de divers agents du service public aux usagers : enseignants, travailleurs sociaux, agents du service de l'emploi, policiers, personnels soignants... C'est une face de l'activité qui n'est pas forcément apparente dans la définition officielle des tâches [Dubois, 1999 ; Weller, 1999]. D'autre part, les agents n'ont pas toujours les moyens d'offrir un service qui correspond à leur notion du travail bien fait parce que l'évolution de la société (marginalisation d'une partie de la jeunesse, chômage de masse, grande pauvreté) crée une demande en augmentation et plus difficile à satisfaire. Il en résulte une incompréhension de la part d'une partie des usagers, mal supportée par des personnels persuadés d'œuvrer pour le bien public. Les agents sont tiraillés entre plusieurs définitions de leur identité professionnelle [Monjardet, 1994]. Certains modes de gestion importés du monde de l'entreprise sans adaptation particulière heurtent leur conception du service public [Bourdieu, 1993 ; Cartier, 2003]. Une partie « s'épuisent » psychologiquement (*burn out*) et se replient sur la définition officielle de leur tâche [Girault, 1992 ; Loriol, 2003], ce qui dégrade d'autant les rapports avec les usagers.

## Indépendants : la part du statut, le poids du métier

« Les conditions de travail des non-salariés sont proches de celles des salariés », du moins à profession comparable ; du point de vue de l'environnement de travail, des pénibilités physiques ou des risques, « le métier prend le pas sur le statut » : telle est la conclusion globale de l'étude que Sylvie Hamon-Cholet [1998] a consacrée

Tableau 5. **Avantages et exigences du service public**

| **% de salariés qui déclarent que…** | **État, collectivités publiques** | **Salariés des entreprises** |
|---|---|---|
| Ils travaillent en contact avec le public, les clients | 80 % | 64 % |
| Ils travaillent 45 h ou davantage par semaine | 12 % | 13 % |
| Ils travaillent parfois le dimanche | 41 % | 21 % |
| Ils ne connaissent pas leurs horaires de travail de la semaine à venir | 6 % | 12 % |
| Leur rythme de travail est déterminé par des normes ou délais à respecter en une journée ou moins | 30 % | 46 % |
| Leur rythme de travail est déterminé par la demande des clients ou du public | 60 % | 66 % |
| Ils manquent de temps pour faire correctement leur travail | 26 % | 25 % |
| Ils manquent de possibilités de coopérer pour faire correctement leur travail | 8 % | 12 % |
| Une erreur de leur part aurait des conséquences graves sur la qualité | 56 % | 65 % |
| Une erreur de leur part aurait des conséquences graves sur les coûts financiers | 31 % | 57 % |
| Une erreur de leur part aurait des conséquences graves sur leur sécurité ou celle d'autres personnes | 47 % | 40 % |
| Ils vivent des situations de tension dans leurs rapports avec les clients, le public | 40 % | 25 % |
| Ils vivent des situations de tension dans leurs rapports avec leurs supérieurs hiérarchiques | 26 % | 27 % |
| Ils sont en contact avec des personnes en situation de détresse | 60 % | 31 % |
| Ils doivent calmer des gens | 65 % | 41 % |
| Ils sont, au moins parfois, exposés à des agressions verbales | 57 % | 33 % |
| Ils sont, au moins parfois, exposés à des agressions physiques | 25 % | 9 % |

*Source* : enquête DARES-INSEE de 2005 sur les conditions de travail.

à cette question. Mais cette étude relève aussi certains écarts significatifs. La charge du rapport au marché, à la clientèle, est plus lourde pour les non-salariés. C'est une des fonctions de l'organisation des entreprises que de créer des médiations entre les travailleurs et le marché, même si les nouvelles formes de management tentent de s'en passer. Les petits indépendants ne bénéficient pas d'une telle médiation.

« Pour les non-salariés, le temps travaillé est difficile à cerner [...]. Mais ces facteurs d'imprécision ne remettent pas en cause l'existence d'écarts. [...] Plus de la moitié des non-salariés déclarent finir leur journée de travail 11 heures ou plus après l'avoir commencée » alors que pour les salariés des mêmes secteurs l'amplitude reste le plus souvent comprise entre 8 et 11 heures. « La semaine de cinq jours est exceptionnelle pour les non-salariés. Plus d'un tiers déclarent travailler six jours par semaine et un quart, sept jours. »

Au total, les indépendants et les chefs d'entreprise ne se font pas à eux-mêmes des conditions de travail meilleures que celles que les salariés subissent. Certains patrons peuvent, ainsi que le font certains salariés, considérer des pénibilités ou des risques comme des éléments de leur identité professionnelle et ne pas chercher à les éliminer : le PDG doit être stressé pour être un battant, l'artisan routier accumuler les heures pour être un homme dur à la tâche. Mais les non-salariés auraient-ils toujours les moyens d'échapper aux inconvénients de leur métier ? Ce sont, pour la plupart, de tout petits patrons. Ils n'ont personnellement aucune influence sur les mécanismes économiques et subissent des contraintes importantes. Même les chefs d'entreprises de taille notable peuvent se trouver, du fait de la sous-traitance, du poids des grands groupes, en situation dominée [Ardenti, Vrain et Cartron, 1998].

## Les conditions de travail traduisent les rapports sociaux entre les sexes

Les écarts entre les conditions de travail des hommes et des femmes reflètent les différences de position sociale entre les sexes (*cf.* tableau 6). Position matérielle : les femmes assurant la plus grande partie du travail domestique, ceci impose des contraintes à leurs horaires de travail salarié. Position symbolique : conformément aux stéréotypes de genre, les femmes gèrent plus souvent des relations de service à autrui tandis que les hommes exercent plus fréquemment des responsabilités de toute nature et déclarent plus souvent affronter des pénibilités et des risques.

Les longues durées de travail sont presque toujours réservées aux hommes : 17 % d'entre eux déclaraient, en 2005, travailler habituellement 45 heures par semaine ou davantage, contre seulement 8 % des femmes ; de tels horaires (qui posent souvent aussi des problèmes de santé) ne sont guère compatibles avec une charge

Tableau 6. **Les conditions de travail des hommes et des femmes**

| % de salariés qui déclarent… | Femmes | Hommes |
|---|---|---|
| Travailler 45 heures par semaine ou davantage | 4 % | 17 |
| Bénéficier de la RTT | 41 % | 49 % |
| Ne pas connaître les horaires de la semaine suivante | 7 % | 13 % |
| Être en contact avec les clients, le public | 75 % | 62 % |
| Être en contact avec des personnes en situation de détresse | 46 % | 31 % |
| Porter ou manipuler des charges lourdes | 33 % | 44 % |
| Régler eux-mêmes la plupart des incidents | 49 % | 53 % |
| Devoir supporter des conséquences graves sur les coûts financiers en cas d'erreur de leur part | 37 % | 63 % |
| Devoir suivre des procédures de qualité strictes | 36 % | 53 % |

*Source* : enquête DARES-INSEE de 2005 sur les conditions de travail.

domestique importante. À l'opposé, un tiers des femmes travaillent moins de 35 heures pas semaine, contre seulement 8 % des hommes. L'emprise plus grande du travail sur la vie des hommes ne se limite pas aux horaires de travail *stricto sensu*. Ils sont plus souvent soumis à des astreintes, ils doivent plus souvent être joignables pour motif professionnel en dehors de leurs heures de travail : ces conditions de travail rendent difficile l'organisation du travail domestique. La plus grande prévisibilité des horaires des femmes leur facilite cette organisation. Toutefois, en matière de temps de travail, les femmes n'ont pas que des avantages. Elles sont plus nombreuses à travailler tous les dimanches et surtout tous les samedis, et il est relativement fréquent qu'elles ne bénéficient pas de deux jours consécutifs de repos chaque semaine. D'autre part, elles ont moins souvent bénéficié de la réduction du temps de travail : leurs établissements ont été moins souvent concernés et, d'autre part, au sein des établissements où l'ARTT a été introduit, environ 40 % des personnels à temps partiel, en général des femmes, n'en ont pas bénéficié.

Dans le prolongement de leur rôle familial traditionnel, les femmes au travail doivent, davantage que les hommes, s'occuper de personnes qui demandent une prise en charge et assurer des tâches relationnelles. Elles travaillent, plus souvent encore que les hommes, en contact direct avec les clients ou le public et subissent, en conséquence, davantage de situations de tension avec eux. Elles doivent « calmer des gens » ; elles s'exposent, plus que les hommes, à des agressions verbales et parfois physiques. Enfin, être en contact avec des personnes en situation de détresse est particulièrement emblématique des conditions de travail féminines (46 % des femmes contre 31 % des hommes salariés).

Les hommes, eux, sont censés s'affronter aux choses et c'est bien ce que traduisent leurs conditions de travail : les risques et les pénibilités physiques recensés dans les enquêtes sur les conditions de travail sont systématiquement plus fréquemment déclarés par les hommes que par les femmes. Les écarts sont, le plus souvent, considérables. La force physique nécessaire pour affronter certaines tâches peut même être mise en avant pour borner les femmes à certains emplois dont la pénibilité est niée [Gallioz, 2006]. Néanmoins, l'infériorisation sociale des femmes permet encore de leur imposer des pénibilités d'une utilité économique contestable, comme la station debout dans certains commerces ou services [Messing *et al.*, 2004].

La domination masculine se traduit-elle par une moindre autonomie des femmes dans leur travail ? Leur degré d'autonomie procédurale (choix des méthodes de travail, initiative en cas d'incident), seul mesuré dans les enquêtes statistiques, paraît voisin de celui des hommes. En fait, si on tient compte d'autres caractéristiques qui influent sur la répartition des postes de travail, comme la nationalité, l'âge et le niveau de formation, on voit qu'être une femme accroît la probabilité d'avoir une faible autonomie ou un travail répétitif avec un temps de cycle court. Les entreprises utilisent aussi la bonne volonté de bien des femmes, surtout jeunes, qui préfèrent de mauvaises conditions de travail à la servitude domestique [Baudelot *et al.*, 2002 ; Beaud et Pialoux, 2002].

De plus, les femmes sont plus isolées dans leur travail que les hommes. Si elles ont du mal à faire un travail délicat, elles bénéficient moins de l'aide de collègues ou de personnes extérieures à l'entreprise.

Les femmes restent souvent tenues à l'écart des responsabilités. C'est manifeste pour les responsabilités hiérarchiques : 17 % seulement des femmes en exercent contre 33 % des hommes. C'est vrai aussi pour les responsabilités à l'égard des coûts financiers, de la qualité ou de la sécurité. Le sentiment de responsabilité masculin est soutenu par la présence des dispositifs matériels qui obligent, par exemple, à ne pas quitter son travail des yeux, ou à prêter attention à des signaux difficiles à détecter. Il l'est aussi par une plus grande formalisation du travail : procédures qualité strictes, objectifs chiffrés précis, dispositifs d'évaluation, revenus et carrières dépendant de la façon de travailler. Cette formalisation facilite l'objectivation du travail des hommes et contribue sans doute à ce qu'ils le ressentent plus souvent comme complexe, ce qui dévalorise par contraste le travail exercé par les femmes.

Pourquoi de telles différences entre hommes et femmes persistent-elles ? Les conditions de travail vécues par les femmes demeurent moins visibles que celles endurées par les hommes, ce qui est un frein à leur amélioration. Les personnes gérant le recrutement ou la mobilité dans les entreprises ont rarement intérêt à prendre des risques en affectant une femme sur un poste réputé masculin et *vice versa*. La division du travail domestique peut servir à justifier la division du travail professionnel [Gadrey, 2001]. De fait, il est difficile de modifier séparément la répartition du travail domestique et les horaires de travail salarié : c'est un facteur de blocage. Enfin, les hommes et les femmes tendent à intérioriser la division sexuelle du travail. Par exemple, les femmes ne se disent pas moins satisfaites de leur rémunération que les hommes, en dépit de salaires très inférieurs [Godechot et Gurgand, 2000], mais elles se plaignent davantage de leurs horaires de travail, car elles doivent accomplir l'essentiel du travail domestique [Baudelot *et al.*, 1999]. Mais les changements intervenant dans la sphère du travail ne sont pas sans effet sur les identités de genre [Guilbert, 1966 ; Halford, 2007]. Inversement, la répartition des rôles au sein de la famille change, même si cela se voit encore peu dans les emplois du temps. La sphère professionnelle pourrait en être affectée : par exemple, les hommes aussi se plaignent de difficultés à concilier vie familiale et vie professionnelle [Garner, Méda et Senik, 2005].

### *Ouvrières : les inconvénients du taylorisme sans ses avantages*

L'échange taylorien (salaire convenable pour l'ouvrier contre contrôle du travail par la direction) ne valait en pratique que pour les hommes. Les femmes ouvrières étaient (et demeurent) bien plus que les ouvriers hommes exposées pour de faibles salaires aux méfaits du taylorisme [Molinié et Volkoff, 1980 ; Gollac et Volkoff, 2002]. Leur autonomie est plus faible. Elles travaillent plus souvent à la chaîne. Elles sont fréquemment astreintes à un travail répétitif et soumises à un contrôle disciplinaire : normes contraignantes, surveillance constante du rythme de travail par la hiérarchie, réglementation des pauses. Elles bénéficient moins d'un soutien collectif que les ouvriers hommes.

À l'époque du plein emploi, les jeunes femmes acceptaient des postes d'ouvrières, durs et mal payés, parce qu'elles comptaient les fuir rapidement vers le commerce ou les services ou vers une situation de femme au foyer. Aujourd'hui ces postes durs et mal payés

## Une typologie des travaux industriels

Une étude au niveau d'un bassin d'emploi a montré le lien étroit entre les conditions de travail des ouvriers et les autres variables économiques et sociales définissant les emplois et leurs titulaires [Desrosières et Gollac, 1982]. Une typologie analogue au niveau national [Kramarz, 1986, 1987] distingue quatre « pôles » aux conditions de travail caractéristiques.

Un premier pôle regroupe principalement les ouvriers du bâtiment. Leur travail se fait dans un environnement non maîtrisé, d'où un niveau élevé de risque. Leurs horaires sont longs et peu administrés.

Le deuxième pôle rassemble les ouvriers, ou les ouvrières, des entreprises qui appliquent, parfois jusqu'à la caricature, le taylorisme. Le travail est contraint par des normes et par les machines. « Pendant la durée d'utilisation des machines, le temps est compté. » Cependant, la durée d'engagement des équipements n'est pas maximale. Le capital matériel par salarié est plus élevé que dans les secteurs artisanaux, mais pas très élevé. Le profit dépend plutôt de l'intensité du travail que de la mise en valeur du capital. Le souci de tirer le meilleur parti de la main-d'œuvre se traduit par l'emploi de femmes et d'étrangers, en situation d'infériorité sur le marché du travail.

Dans les industries de process (chimie, pétrole…) au contraire, l'engagement des équipements est maximal, et le travail en 3 × 8 et plus est courant. Les risques sont directement liés au process, ils sont objectivés et font l'objet de primes. Les ouvriers de ces entreprises bénéficient d'un nombre d'heures de travail raisonnable, de salaires assez élevés, d'une relative stabilité d'emploi. Le profit provient ici d'une mise en valeur efficace du capital ; les salaires et les primes, même confortables, ne représentent qu'une faible charge au regard des investissements. Les ouvriers sont des hommes dans la force de l'âge, ayant souvent plusieurs enfants à charge, ce qui peut les motiver pour accepter le travail posté en échange de salaires élevés.

Enfin un quatrième pôle regroupe surtout des ouvriers concourant à des activités de service : les chauffeurs par exemple. Leur rythme de travail est contraint par les fluctuations de la demande. Leurs horaires de travail sont lourds et irréguliers. Leurs salaires sont faibles. Ceux qui acceptent ces postes le font notamment parce que leurs réseaux de relations ou d'information ne leur donnent pas accès à de meilleurs emplois [Desrosières et Gollac, 1982].

De telles études devraient être actualisées. Depuis le milieu des années 1980, de nombreux changements sont intervenus dans l'organisation des entreprises, la gestion des emplois, le recrutement de la main-d'œuvre ainsi que dans les comportements d'activité, des femmes et des jeunes notamment. Les conditions de travail, elles aussi, ont changé. Ces changements, simultanés mais non coordonnés *a priori*, n'ont pas forcément conservé certains équilibres datant de la période de croissance rapide des trente glorieuses. Leur rupture a pu avoir des conséquences sociales importantes.

existent toujours. Il y a d'ailleurs maintenant des emplois analogues hors de l'industrie, dans la grande distribution [Askenazy *et al.*, 2007] ou la restauration rapide [Burnod *et al.*, 2000] par exemple. Ils trouvent preneuses soit sur un mode contraint, en raison du taux de chômage élevé des femmes, soit auprès de jeunes femmes relativement diplômées, qui les supportent parce qu'elles espèrent elles aussi les fuir, en trouvant un jour un emploi plus qualifié.

## Main-d'œuvre étrangère et travailleurs précaires au service d'organisations rigides

Les secteurs où les travailleurs étrangers forment une part notable de la main-d'œuvre n'ont pas tous les mêmes principes dominants d'organisation. Néanmoins, dans l'ensemble, les conditions de travail des étrangers sont caractéristiques des industries (ou des services) organisées selon un modèle rigide : faible autonomie, travail monotone, horaires imposés. L'écart demeure même si on tient compte du fait que les salariés étrangers sont relativement moins diplômés que les salariés français et que la proportion de femmes parmi eux est plus faible.

Aux États-Unis, on a observé que, comme l'appartenance de genre, l'appartenance nationale ou ethnique peut justifier des pénibilités au nom de supposées spécificités physiques ou culturelles [Holmes, 2006]. En France, certaines pénibilités physiques concernent nettement plus la main-d'œuvre étrangère : la station debout et les autres postures pénibles, les mouvements répétitifs. Les étrangers signalent aussi plus souvent une grande partie des autres nuisances et risques, mais les écarts sont largement dus à des effets de structure. Ils ne paraissent pas encourir un risque particulièrement élevé d'accident.

Une caractéristique particulièrement défavorable de leur travail est la faiblesse du soutien dont ils disposent. Ils se plaignent beaucoup de n'avoir pas des possibilités de coopération suffisantes. De fait, s'ils ont du mal à faire un travail difficile, ils bénéficient moins souvent que les Français dans une situation analogue de l'aide de leurs supérieurs, de leurs collègues ou d'autres personnes.

### *Emploi précaire, travail dégradé*

La diffusion des statuts d'emploi précaires (intérim, contrats à durée déterminée) a transformé la segmentation. Les conditions de travail déclarées par les précaires lors des enquêtes statistiques sont bien plus mauvaises que celles des salariés ayant un contrat à durée indéterminée. Leur rythme de travail est davantage contraint par les équipements, par les contrôles de la hiérarchie. Ils travaillent plus souvent en équipes alternantes. Leur travail est plus pénible. Leur environnement de travail est plus médiocre. Ils sont davantage exposés aux accidents. Bien entendu, c'est en partie lié au fait que les précaires n'occupent pas les mêmes emplois que les autres salariés. Cependant, même à poste de travail comparable, un écart significatif subsiste entre les conditions de travail des précaires et celles des stables [Letourneux, 1998].

La précarité et la sous-traitance facilitent la gestion, et parfois la dissimulation, des risques [Thébaud-Mony et Volkoff, 2000]. Des observations isolées mais spectaculaires, notamment dans le nucléaire, ont montré que des emplois comportant un niveau de risque considérable pouvaient être sciemment confiés à des travailleurs précaires insuffisamment informés [Walraff, 1986]. Périodiquement, des accidents confirment ces observations.

Le travail précaire facilite la survie d'organisations tayloriennes rigides dans un environnement de marchés fluctuants [Gorgeu et Mathieu, 1996]. L'automobile, par exemple, utilise un volet de travailleurs temporaires pour faire face aux aléas de la demande. En 2005, un travailleur à la chaîne sur cinq avait un statut d'emploi précaire.

Tableau 7. **Le travail précaire : une aide à la survie d'organisations rigides**

| % de personnes qui déclarent que... | Intérimaires et contrats à durée déterminée, apprentis, stagiaires, contrats aidés | Autres salariés |
|---|---|---|
| Elles travaillent à la chaîne | 6 % | 3 % |
| Leur travail est répétitif avec un temps de cycle inférieur à une minute | 9 % | 7 % |
| Leur rythme de travail est déterminé par la surveillance au moins quotidienne de la hiérarchie | 35 % | 29 % |
| La hiérarchie leur dit comment faire le travail | 32 % | 16 % |
| Elles vivent des situations de tension dans leurs rapports avec la hiérarchie | 17 % | 28 % |

*Source* : enquête DARES-INSEE de 2005 sur les conditions de travail.

Le rôle des précaires dans les organisations néotayloriennes dépasse d'ailleurs celui de volant de main-d'œuvre. Par espoir d'être embauchés ils peuvent accepter des conditions de travail difficiles et travailler avec zèle [Pialoux et Beaud, 1993]. Paradoxalement, le même résultat peut provenir du sentiment de n'être que de passage dans l'entreprise, surtout de la part de travailleurs dont l'identité sociale n'est pas encore fixée, les étudiants en voie de déclassement par exemple [Kuzmanovic, 1999 ; Burnod, Cartron et Pinto, 2000].

La précarité ne se limite pas à l'intérim, aux contrats à durée déterminée ou aux stages. Bien des titulaires de contrats à durée indéterminée sont incertains de leur avenir professionnel. Et la mauvaise qualité des conditions de travail, le manque d'intérêt de celui-ci, sa non-reconnaissance peuvent être considérés comme des formes de précarité [Paugam, 2000]. La précarité du travail ou de l'emploi est en soi une mauvaise condition psychologique de travail ; elle empêche la formation de projets de vie autonomes [Sennett, 2002].

## IV / Des choix d'organisation déterminants

L'organisation du travail détermine la qualité de la vie au travail, quelles que soient les initiatives prises par ailleurs pour améliorer l'environnement ou mieux concevoir les machines. Il n'est guère de condition de travail qui n'ait de cause dans l'organisation.

La pénibilité du travail des routiers dépend de la latitude dont ils disposent pour programmer dans le temps leurs périodes de conduite et leurs autres tâches : chargement et déchargement, attentes, formalités administratives [Hamelin, 1993]. Dans le montage automobile, le maintien sur un même poste accroît la sollicitation de certaines parties du corps ; mais la polyvalence peut augmenter la fréquence des postures difficiles, si les temps d'apprentissage ne sont pas suffisants pour que chacun trouve les gestes qui lui conviennent le mieux [Gaudart *et al.*, 1995]. Dans le bâtiment, la constitution de « savoir-faire de prudence » [Cru et Dejours, 1983] est liée à la cohésion des collectifs, donc à leur stabilité. Quand on mène avec soin l'enquête consécutive à un accident du travail, des aspects de l'organisation apparaissent presque toujours dans l'enchaînement des causes [Chesnais, 1996]. À l'inverse, bien des initiatives pour améliorer les conditions de travail ou la sécurité finiront dans l'impasse si l'organisation demeure inchangée. Même le harcèlement moral, qui peut paraître un phénomène accidentel, dû aux particularités psychologiques d'un individu, est lié à la faiblesse de l'autorité hiérarchique et à l'intensité excessive du travail [Vézina et Dussault, 2005 ; de Gaulejac, 2005].

### Les effets de l'organisation du travail

Parmi les recherches sur les effets de l'organisation du travail, celles de Robert Karasek [Karasek et Theorell, 1990] ont une importance particulière. Elles ont servi de référence à un champ de recherche jusque-là très dispersé. Karasek relie les effets du travail sur la santé à deux dimensions de l'organisation. La première est relative aux exigences du travail : intensité, complexité. Il faut y ajouter une deuxième dimension qui correspond au degré d'autonomie : possibilité de choisir les modes opératoires et capacité à peser sur les décisions.

Karasek mesure ces deux dimensions de l'organisation grâce à un questionnaire portant sur la façon dont les travailleurs les perçoivent. Puis il construit un graphique (voir ci-dessous) où les exigences du travail figurent en abscisse et l'autonomie en ordonnée. Une des diagonales du graphique oppose les situations marquées par la passivité (faibles exigences et faible autonomie) aux situations actives (fortes exigences et forte autonomie). Karasek montre que les travailleurs en situation active ont des loisirs plus variés et participent davantage à la vie de la cité. Le passage d'une situation professionnelle de passivité à une situation d'activité entraîne un enrichissement de leur vie personnelle et civique, comme l'établit le suivi d'une cohorte [Vézina *et al.*, 2000]. La deuxième diagonale oppose les situations à faible tension psychique (faibles exigences et forte autonomie) et celles à forte tension psychique (fortes exigences et faible autonomie). L'accroissement de la tension psychique s'accompagne d'un accroissement des maladies mentales, cardiovasculaires et ostéo-articulaires.

Karasek, en collaboration avec Töres Theorell, a ajouté une troisième dimension au modèle, le soutien social sur lequel le salarié peut compter au travail : soutien instrumental ou technique d'une part, soutien émotionnel d'autre part. Toutes choses égales par ailleurs, l'absence de soutien accroît les risques de sous-utilisation des compétences, de maladies mentales et cardio-vasculaires.

Ce modèle appréhende le travail à travers le vécu subjectif des travailleurs. Mais les trois facteurs dégagés par Karasek et Theorell sont assez bien corrélés avec les principales caractéristiques de l'organisation du travail, mesurées de façon un peu plus objective [Niedhammer *et al.*, 2007].

Un autre modèle a été développé plus récemment par Johannes Siegrist et ses collaborateurs [Siegrist, 1996 ; Niedhammer *et al.*, 2000]. Selon ce modèle, un travail trop exigeant nuit à la santé quand sa reconnaissance matérielle et morale n'est pas en rapport avec les efforts requis [Niedhammer et Siegrist, 1998]. Les modèles de Karasek et de Siegrist sont plus complémentaires que contradictoires.

**Les situations de travail et leurs effets dans le modèle de Karasek**

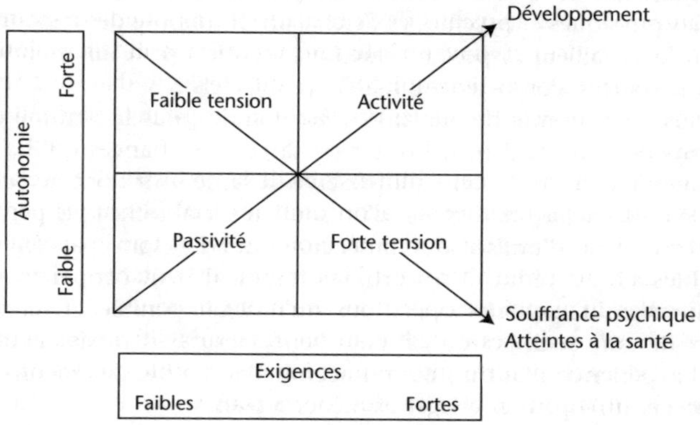


*Source* : d'après Karasek et Theorell [1990].

Les relations qu'ils prédisent entre travail et santé ont été largement validées par un ensemble d'études menées indépendamment dans divers pays [Vézina *et al.*, 2006 ; Melchior *et al.*, 2007]. Les maladies mentales, cardiovasculaires et ostéo-articulaires ne sont d'ailleurs pas les seuls problèmes de santé dont le lien avec l'organisation du travail a pu être établi [Molinié et Volkoff, 2000]. L'intensité du travail crée une infrapathologie, des « petits » troubles de santé qui ne sont pas nécessairement « graves », mais perturbent l'existence quotidienne et la vie de travail, se révèlent difficiles à supporter à la longue et entraînent une fragilisation de l'emploi.

### *Organisation et conditions de travail*

Certains des liens entre organisation et santé sont directs. Ainsi, l'intensité du travail peut consister à réaliser les mêmes opérations un grand nombre de fois par unité de temps. Si ces opérations supposent un effort, celui-ci peut devenir pénible. Autre conséquence directe de l'intensité du travail : le « stress ». La pression temporelle forte est une agression pour l'organisme. L'urgence est en soi une mauvaise condition de travail.

Mais le lien entre l'intensité et les autres aspects de l'organisation du travail d'une part, les conditions de travail d'autre part est souvent plus compliqué. L'analyse ergonomique de l'activité montre que le travail est favorable à la santé quand chaque travailleur a la possibilité d'établir un compromis entre la préservation de celle-ci et les exigences de la tâche. Le bon compromis dépend des caractéristiques physiques et psychiques de chacun. Il suppose des ressources dont le travailleur dispose ou que l'organisation peut lui apporter : connaissances, compétences, matériels, logiciels…

Plus l'autonomie du travailleur est grande, plus la gamme des façons de faire qu'il peut utiliser est large. Les chances qu'il a de trouver une façon de faire qui préserve sa santé sont donc accrues.

De la même façon, disposer d'un soutien social technique permet au travailleur d'utiliser des procédures qui ne sont pas envisageables s'il est réduit à ses propres forces. Il peut coopérer avec d'autres pour certaines opérations qu'il serait pénible ou dangereux de faire seul. Surtout, il peut bénéficier des connaissances et de l'expérience d'autrui, ce qui accroît l'ensemble des façons de procéder qu'il peut envisager et mener à bien.

Inversement, une trop forte intensité du travail empêche de construire un bon compromis entre les objectifs de la production et le souci de préserver sa santé [Gollac et Volkoff, 2001 ; Volkoff, 2007]. Travailler dans l'urgence restreint les marges de manœuvre et rend les pénibilités moins évitables. Quand il faut aller vite, on travaille de la façon la plus rapide et pas la plus commode. Pour garnir un siège de voiture, il y a des positions qui conviennent à telle ou telle personne, qui lui permettent de ne pas avoir trop mal au dos ou aux épaules ; et des postures qui lui permettent d'aller le plus vite possible. Or ce ne sont pas les mêmes. Dans les hôpitaux, l'intensification du travail des aides-soignantes les conduit souvent à renoncer à l'usage du lève-malade pour déplacer les personnes hospitalisées [Villatte *et al.*, 1993]. D'une part, cet engin est long à installer. D'autre part, la gestion serrée de leur temps recentre leur activité sur les seuls actes techniques ; manipuler le malade est alors une façon d'avoir un contact avec lui. L'impact de l'intensité du travail sur les conditions de travail est encore aggravé par le fait que le travail devient imprévisible. Il est devenu habituel qu'un routier voie son planning de livraison sans cesse modifié. Il devra manipuler davantage son chargement. Si, de plus, il est pressé, ce qui est presque toujours le cas, il manipulera les éléments du chargement d'une façon qui n'est pas forcément la meilleure pour sa santé [Hamelin, 1993]. Changer de posture, « souffler » un instant, aménager son espace, choisir et trouver l'outil ou le document adapté, prendre correctement ses informations, s'assurer des coopérations utiles au bon moment, anticiper sur des tâches à venir pour éviter les situations d'urgence ou pour s'y préparer : ces conduites souvent indispensables à la préservation de la santé sont rendues plus difficiles par une trop forte intensité du travail.

Le lien entre organisation du travail et conditions de travail est confirmé par des études statistiques [Wichert, 2002 ; Gollac, 2005]. Celles-ci s'efforcent de distinguer ce qui, dans les conditions de travail vécues par les personnes, est lié à leur âge, leur sexe, leur expérience, leur profession... et ce qui est plus spécifiquement lié à leur autonomie, à l'intensité de leur travail, au soutien social dont elles disposent. Les contraintes de rythme apparaissent alors associées à un accroissement, souvent massif, des pénibilités tant physiques que mentales. D'autres contraintes qui viennent aussi limiter les marges d'action des travailleurs, comme les normes de qualité, pèsent également sur les conditions de travail [Askenazy *et al.*, 2002]. Inversement, la possibilité d'être aidé dans son travail diminue, toutes choses égales par ailleurs, les pénibilités et les risques.

L'effet mesuré par les statistiques est un effet moyen. En fait, les travailleurs auxquels les façons de faire rapides, par exemple, ne sont pas adaptées subissent un accroissement des pénibilités et des risques quand le travail est intense, mais ce n'est pas forcément le cas de tous. Le travail intense n'est pas uniformément plus pénible pour tous. Il est avant tout ressenti comme plus difficile, plus complexe [Hatzfeld, 2006a].

Les effets de l'organisation doivent être envisagés dans leur dynamique. Des cercles vicieux ou vertueux tendent à s'enclencher. Un travailleur qui ne jouit d'aucune autonomie ne pourra pas former d'expérience et maintenir ses compétences, ce qui le confinera dans des postes où l'autonomie est faible. Bénéficier d'un fort soutien social organisé par l'entreprise permettra de se créer un « capital social » : des relations, un réseau d'échanges, qui fonctionnera ensuite par lui-même. L'urgence au contraire empêche de construire de bonnes conditions de travail à la fois sur le moment et pour l'avenir. Et le travailleur concerné n'aura pas davantage la possibilité d'échanger avec ses collègues pour consolider son expérience, de s'informer et de se former pour se préparer aux changements futurs : mal préparé, il courra alors un risque d'autant plus élevé de se trouver à nouveau dans l'urgence.

### *Les aspects psychologiques de l'organisation du travail*

Les effets de l'organisation ne se limitent donc pas au « stress » : elle pèse sur les conditions physiques de travail. Mais elle a aussi, bien entendu, des effets psychologiques. Les conséquences désastreuses pour la personnalité d'un défaut d'autonomie ou de reconnaissance au travail ont été largement décrites par les psychologues et les sociologues. Ils sont aussi perçus par les travailleurs eux-mêmes. L'autonomie, comme la reconnaissance, est liée au sentiment de justice au travail [Dubet, 2005 ; Dubet *et al.*, 2006] et à la « dignité des travailleurs » [Lamont, 2002].

En revanche, subjectivement, à court ou moyen terme, l'intensité du travail n'est pas forcément mal ressentie par tous [Baudelot *et al.*, 2002]. Certains travailleurs, salariés ou indépendants, soumis à une très forte pression dans leur travail, déclarent s'y investir beaucoup et en retirer de grandes satisfactions. Cependant, lorsque le travail est intense, il n'est pas possible de se maintenir en retrait, ni sur le plan de l'activité ni psychologiquement. Si on réussit à prendre les choses à son compte, le travail peut être un élément de bonheur tout en envahissant la vie. En revanche, quand les défenses de l'individu sont débordées, le travail devient le lieu de souffrances intenses.

L'intensité du travail est donc un facteur de fragilisation. Il est difficile de maintenir durablement un auto-investissement heureux dans le travail. Ce genre d'investissement entraîne souvent des relations difficiles avec l'entourage professionnel ou familial. Il arrive aussi que l'investissement professionnel ne réponde pas aux désirs profonds de l'individu et qu'il ne soit qu'une réaction à la peur (même si cette réaction est vécue sur le mode du défi relevé) : peur de perdre son emploi, peur d'être rejeté par ses pairs. Il peut alors se révéler psychologiquement néfaste [Dejours, 2000]. D'autre part, l'intensification produit une « compression » du travail [Clot, 1999c]. L'intensité excessive du travail polarise l'activité du travailleur sur ce qui s'impose comme urgent. Elle restreint la place de l'anticipation, de l'imagination, de l'innovation personnelles. Ces restrictions de l'activité créatrice peuvent être supportées, voire appréciées sur le moment [Cartron, 2003], mais elles risquent de créer ou de renforcer des traits de personnalité finalement nuisibles à l'individu lui-même.

Les formes modernes de management, à travers notamment la gestion des emplois et des carrières, individualisent les salariés et les détachent du collectif. Elles leur reconnaissent une initiative, mais dans le respect de critères imposés par l'entreprise, non de normes sociales ou de règles de métier. Or le développement humain suppose une autonomie personnelle, mais aussi collective. La psychodynamique du travail montre l'importance du « métier ». L'épanouissement au travail est lié au sentiment de pouvoir agir et réaliser une œuvre (« faire des choses qui restent ») et aussi à celui de « travailler dans une équipe qui s'entend bien ». Le malheur au contraire est associé au sentiment d'iniquité, d'arbitraire, au désaccord entre le salarié et l'organisation sur le sens du travail. Privilégier la seule valeur économique du travail, mesurée selon des critères dont la rationalité n'est pas toujours évidente, peut apparaître comme un déni de l'activité réelle de travail. Il en résulte alors angoisse, sentiment d'égarement ou d'incompétence [Molinier et Flottès, 1999 ; Périlleux, 1998].

## Des réorganisations dangereuses pour les conditions de travail

L'organisation du travail a profondément changé au cours des deux dernières décennies du XXe siècle. Les formes nouvelles qui se sont implantées sont souvent grosses de dangers pour la santé des travailleurs. Mais ceci ne doit pas faire oublier que certaines formes anciennes, qui n'ont pas disparu, offraient aussi de très mauvaises conditions de travail.

### *Les méfaits des organisations traditionnelles*

Beaucoup d'entreprises sont encore organisées selon des modèles anciens. Le modèle « domestique » [Eymard-Duvernay, 1987] est fondé sur les relations directes entre les personnes, souvent quasi-familiales et en même temps autoritaires. Ces organisations comportent des formes spécifiques de domination [Balazs et Faguer, 1979]. La subordination dans la sphère professionnelle tend par exemple à envahir la vie privée. Le caractère affectif des relations de travail rend difficile l'expression et la gestion des conflits [Châteauraynaud, 1991].

Une autre forme d'organisation encore très répandue dérive des principes énoncés par Taylor ou Fayol. Elle se caractérise par une faible autonomie des travailleurs. Les descriptions classiques de ses méfaits [Weil, 1951 ; Friedmann et Naville, 1962 ; Linhart, 1978 ; Dubost, 1979] n'ont pas perdu leur pertinence. Outre les pathologies dues au travail répétitif, les exécutants dans ces organisations industrielles-bureaucratiques ressentent de l'ennui. Il peut se produire une restriction de leurs capacités cognitives, à laquelle seules des actions spécifiques prolongées peuvent remédier. Leur personnalité est atteinte, comme le mesurent les tests psychologiques : c'est une forme de déficience acquise dont les effets dépassent la sphère du seul travail [Grossin, 1980]. Ces travailleurs deviennent moins aptes à organiser eux-mêmes leur vie de famille, leurs loisirs et leurs projets. L'absence d'autonomie, la non-reconnaissance des initiatives qui demeurent clandestines sont aussi source de souffrance. Le poids des hiérarchies est vécu non seulement comme impuissance mais encore comme mépris subi par ceux d'en bas.

*Les nouvelles organisations : un travail plus intéressant mais plus intense*

Au cours des années 1980 et 1990, les organisations ont connu des évolutions majeures. Ces évolutions ont pris appui sur une transformation de la pensée managériale [Boltanski et Chiapello, 1999]. Celle-ci a intégré des aspirations portées par les mouvements de l'après-mai 1968. Elle les a mises au service d'entreprises confrontées à une mutation de leur environnement économique. Les liens entre managers et actionnaires se sont transformés ; les firmes fonctionnent en réseau [Veltz, 2000]. La généralisation de la sous-traitance a transformé des relations internes aux entreprises en relations entre entreprises. Les rapports marchands ont même pénétré à l'intérieur des entreprises avec l'organisation client-fournisseur des relations entre services. Ce recours accru au marché a nécessité la transformation d'arrangements informels en normes formelles, par exemple à travers la certification ISO. Les préoccupations financières et marchandes se sont imposées dans les entreprises dont l'organisation « industrielle » ou bureaucratique visait à régulariser la production. Inversement, des activités traditionnellement organisées sur le mode marchand se sont industrialisées, comme la distribution [Alonzo, 1998 ; Julhe, 2006], les centres d'appel [Flichy et Zarifian, 2002], la restauration rapide [Burnod, Cartron et Pinto, 2000] ou le transport routier.

Les nouvelles organisations sont donc souvent des composites. Conçues fréquemment dans la hâte, en réaction à des contraintes extérieures (du marché, de l'actionnariat), ces organisations sont loin d'être aussi bien maîtrisées que les anciennes, tant dans leur conception que dans leur fonctionnement [de Coninck, 2005].

Leur complexité s'est reportée sur les opérateurs. L'autonomie de ceux-ci s'est accrue : les procédures de travail leur sont moins souvent imposées, ils ont davantage d'initiative en cas d'incident. Leur champ d'action s'est étendu. Mais leur travail s'est intensifié [Gollac et Volkoff, 1996 ; Gollac, 2005 ; Askenazy, 2006]. Cette intensification du travail a été relevée, sous des formes différentes, dans presque tous les pays développés [Green et McIntosh, 2001 ; Merllié et Paoli, 2001 ; Askenazy, 2002 ; Parent-Thirion *et al.*, 2007]. En France, contrairement à la plupart des autres pays pour lesquels des statistiques sont disponibles, l'intensification du travail paraît avoir été à la fois tardive et brutale, concentrée dans le temps : elle s'est produite surtout au cours de la seconde moitié des années 1980, puis s'est poursuivie au cours des années 1990 [Bué *et al.*, 1999]. L'intensité s'est maintenue à un niveau stable, mais élevé, dans les premières années du troisième millénaire [Bué *et al.*, 2007].

Tableau 1. **L'expansion des contraintes de rythme**

| **% de salariés dont le rythme de travail dépend de...** | **1984** | **1998** | **2005** |
|---|---|---|---|
| Contrainte industrielle seule | 17 % | 13 % | 12 % |
| Contrainte marchande seule | 34 % | 33 % | 32 % |
| Contrainte industrielle et contrainte marchande | 5 % | 32 % | 33 % |

Contrainte industrielle : le rythme de travail dépend d'un équipement automatique ou de normes ou délais à horizon d'un jour maximum.
Contrainte marchande : le rythme de travail dépend de la demande.

*Source* : enquêtes INSEE-DARES de 1984, 1998 et 2005 sur les conditions de travail.

La proportion de salariés soumis, dans leur travail, à des contraintes de rythme de type industriel (normes, cadence des machines) s'est considérablement accrue. Dans le même temps, les contraintes marchandes sur le rythme de travail (l'ajustement du travail à la demande) se sont généralisées. Et le pourcentage de salariés exposés à des contraintes de rythme à la fois industrielles et marchandes a progressé davantage encore, de 5 % en 1984 à 33 % en 2005 : alors que contraintes marchandes et contraintes industrielles tendaient à s'exclure en 1984, elles tendent désormais à se cumuler. Ce cumul crée une situation difficile : les contraintes industrielles obligent souvent les salariés à travailler tout le temps à un rythme qu'ils jugent élevé ; ils ont de ce fait du mal à se préparer aux pointes engendrées par les contraintes marchandes. Parmi les salariés qui cumulent les deux types de contraintes, un sur trois déclare n'avoir généralement pas le temps de faire correctement son travail ; la proportion n'est que d'un sur six parmi ceux qui sont à l'abri de ces contraintes.

L'intensification du travail au cours des deux dernières décennies du XXe siècle paraît être une des raisons majeures de la dégradation des conditions de travail déclarées par les salariés au cours de la même période.

Les formes modernes d'organisation rendent au travailleur une certaine autonomie ; mais à d'autres égards elles diminuent la maîtrise qu'il a de son travail et de sa vie. L'intensification du travail

Tableau 2. **Quelques effets des contraintes industrielles et marchandes**

| **Parmi les salariés subissant…** / **Part de ceux qui déclarent…** | **NI contrainte industrielle NI contrainte marchande** | **Contrainte industrielle seule** | **Contrainte marchande seule** | **Contrainte industrielle ET contrainte marchande** |
|---|---|---|---|---|
| Devoir se dépêcher toujours | 10 % | 22 % | 14 % | 24 % |
| Devoir se dépêcher souvent mais pas toujours | 19 % | 28 % | 31 % | 38 % |
| Ne pas avoir en général un temps suffisant pour faire correctement le travail | 16 % | 20 % | 25 % | 33 % |
| Devoir fréquemment abandonner une tâche en cours pour une autre non prévue | 44 % | 47 % | 66 % | 68 % |
| *Id.* et c'est un aspect négatif du travail | 13 % | 18 % | 24 % | 32 % |
| *Id.* et c'est un aspect positif du travail | 7 % | 8 % | 12 % | 11 % |
| Recevoir des ordres et indications contradictoires | 21 % | 34 % | 31 % | 43 % |
| Qu'il leur est, au moins parfois, impossible de respecter à la fois qualité et délais | 32 % | 56 % | 48 % | 68 % |

*Source* : enquête DARES-INSEE de 2005 sur les conditions de travail.

diminue la maîtrise instantanée de l'activité. La « flexibilisation » du temps de travail diminue la maîtrise du temps quotidien. La précarisation diminue la maîtrise de la trajectoire professionnelle. Chacune de ces formes de dépossession tend à aggraver les autres. Quand l'énergie du travailleur est accaparée par sa tâche du moment, il lui est plus difficile d'anticiper une mobilité, de se former, d'accumuler des connaissances sans but immédiat. Inversement, la mobilité subie et non anticipée rend plus difficiles encore à tenir les exigences de rythme. Les travailleurs se trouvent alors confrontés à des injonctions contradictoires : travailler au maximum de leurs capacités, gérer leur carrière sur le long terme. Il en résulte de l'angoisse, le sentiment d'être dans une impasse [Baudelot *et al.*, 2003 ; Mamarbachi, 2007].

### Comment surviennent les troubles musculo-squelettiques ?

Les diverses composantes de l'organisation du travail interfèrent entre elles. Ainsi, l'agression représentée par les contraintes de temps serrées est aggravée quand s'y ajoute la nécessité d'une attention soutenue. L'organisme réagit alors par une contraction exagérée des muscles, une rigidification [Laville *et al.*, 1973], cause de douleurs : les postures de travail sont vite ressenties comme pénibles. Dans le cas d'un travail répétitif, où ces postures varient peu, des douleurs et peut-être des pathologies musculo-squelettiques vont se produire à la longue [Bourgeois *et al.*, 2006].

Les situations de travail sous forte contrainte de temps et exigeant de l'attention sont de plus en plus fréquentes. C'est même un effet habituel de la combinaison des modes d'organisation marchand et industriel-bureaucratique. Dans l'automobile [Gaudart, Chassaing et Volkoff, 2006], le souci d'adapter la production à la demande conduit à proposer une gamme de modèles presque infinie du fait de la combinaison de nombreuses options. Chaque voiture produite, ou presque, est différente de la précédente. Les ouvriers des chaînes de montage voient leur attention sollicitée en permanence. Alors que le travail demeure pour l'essentiel répétitif, la diversité prend du temps : il faut lire des étiquettes, choisir les pièces à monter, on ne peut plus anticiper et préparer son travail aussi facilement puisqu'on ne sait pas exactement ce qu'on aura à faire. Cette perte de temps, même faible, aggrave la pression temporelle. La combinaison travail répétitif + contraintes de temps + attention soutenue se répand aussi dans le secteur tertiaire. Le traitement de formulaires administratifs sur écran entraîne souvent ce genre de travail. Les caissières de la grande distribution le subissent aussi [Alonzo, 1997 ; Prunier-Poulmaire, 2000] : l'usage du scanner rend leur travail encore plus répétitif ; leur attention est mobilisée pour coordonner leurs gestes avec ceux du client ; le souci d'éviter une longue attente aux caisses, la gestion des effectifs au plus juste et l'imposition de normes de production engendrent de fortes contraintes de temps. Dans la plupart des professions exposées à ce type de travail, on constate une augmentation des troubles musculo-squelettiques et autres « maladies pour efforts répétés ».

Les réformes managériales en cours depuis les années 1980 ont surtout accru les inégalités entre individus et entre groupes. Les salariés ayant un rapport au travail favorable ont pu maîtriser le changement, surmonter l'intensification du travail, voire en tirer bénéfice. Au contraire, le sort de personnes déjà à la limite de la rupture s'est encore aggravé. À caractéristiques égales, les travailleurs qui subissent une forte intensité connaissent dans les années qui suivent davantage de mobilité descendante et d'éviction de l'emploi, mais aussi davantage de mobilité ascendante [Amossé et Gollac, 2006].

## Des marges de choix

En France, après une forte croissance du travail entre le milieu des années 1980 et la fin des années 1990, l'intensité a marqué un palier au début du troisième millénaire [Bué *et al.*, 2007]. Cependant, l'évolution est hétérogène [Cartron *et al.*, 2007]. Dans certains cas, l'intensité n'a été contenue qu'au prix d'une réduction de l'autonomie des travailleurs.

Une croyance pessimiste s'est répandue : les réorganisations défavorables aux conditions de travail seraient indispensables. Elles seraient le prix de la prospérité (ou de la survie) économique. Cette croyance sous-estime les marges de manœuvre qui existent à différents niveaux [Gollac et Volkoff, 2006].

### *Fatalisme du pire et mauvaise organisation*

La fatalité des mauvaises conditions de travail est souvent attribuée, dans le discours des dirigeants comme dans le discours contestataire, à la mondialisation de l'économie. Un autre argument est celui du déterminisme technologique. Le changement technologique est associé à l'intensification du travail [Green, 2006]. Dans la mesure où il paraît difficile, et inopportun, d'arrêter le progrès technique, cette intensification et ses conséquences seraient inévitables.

Certes, l'informatique permet de mieux mesurer, et donc contrôler, les résultats et l'effort des travailleurs [Miozzo et Ramirez, 2003]. En France, en 2005, plus du tiers des salariés subissant un cumul de contraintes voyaient en outre leur rythme de travail piloté par un contrôle informatisé. D'autre part, ces technologies permettent d'optimiser le flux de production, ce qui réduit la porosité du travail [Boggis, 2001]. Un lien statistique peut être mis en évidence entre informatisation et intensification du travail [Green, 2004]. Outil de traitement et de circulation rapide de l'information formalisée, l'ordinateur permet de relier étroitement au marché le fonctionnement d'organisations par ailleurs réglées par des standards [Gollac, Greenan et Hamon-Cholet, 2001]. L'informatique a ainsi facilité l'hybridation des formes d'organisation industrielle-bureaucratique et marchande [Gollac *et al.*, 1998]. Cependant, cet effet du changement technique n'est pas automatique. La façon dont les techniques sont utilisées dépend de décisions d'organisation. La technologie n'est qu'une « complice » des réorganisations [Vendramin et Valenduc, 2006].

La croyance en un déterminisme économique ou technologique néglige le fait que les choix d'organisation ne sont pas toujours optimaux et que les organisations ne fonctionnent pas toujours bien. Le cumul de contraintes au niveau des opérateurs peut, en lui-même, être vu comme un défaut d'organisation car c'est un rôle classique de l'organisation de gérer des buts différents et d'établir des priorités. Surtout, il est associé à d'autres signes de mauvaise organisation [Bartoli, 2001 ; Burchell et Fagan, 2004 ; Malo et Sire, 2006] : interférences entre tâches ; instructions contradictoires [de Coninck, 2005 ; Bernard, 2005] ; nécessité pour la hiérarchie d'intervenir dans le travail quotidien. Car, paradoxalement, au moment où les lignes hiérarchiques sont censées dépérir, où les instruments de pilotage de l'activité se raffinent et où l'autonomie des salariés s'accroît, c'est une fraction croissante, et considérable (30 %), des salariés qui déclare que son rythme de travail dépend de contrôles au moins quotidiens exercés par la hiérarchie. Les opérateurs doivent souvent respecter des prescriptions strictes alors même qu'ils n'opèrent pas dans le cadre prévu [Faye, 2007].

Les défauts de conception ou de fonctionnement des organisations dégradent les conditions de travail. Si les pièces attendues en juste-à-temps arrivent à peine en retard, il faudra les monter à un moment où le reste du travail en sera perturbé. Si l'intervention de plusieurs corps de métier sur un chantier de travaux publics n'est pas bien coordonnée, leur présence simultanée sera cause de fatigue et de risques. Si la performance d'un guichetier est évaluée de façon rigide d'après le débit de la clientèle, ses relations avec celle-ci en souffriront. De tels cas sont innombrables. On peut les attribuer à des causes accidentelles, par exemple l'incompétence d'un concepteur, d'un gestionnaire ou d'un consultant. Mais la distance entre groupes sociaux, qui empêche les décideurs de bien comprendre le travail des autres salariés, la hiérarchie de fait entre les fonctions financière, productive et de ressources humaines, le surmenage des dirigeants et des cadres intermédiaires rendent de tels « accidents » plus probables. Une forme courante du dédain (souvent inconscient) pour l'activité de travail est l'absence d'organisation. Celle-ci est particulièrement susceptible d'engendrer de mauvaises conditions de travail [de Coninck, 2004 ; Raveyre et Ughetto, 2006].

### *Le « miracle américain »*

Les organisations peuvent donc être améliorées. C'est ce que confirme l'exemple de pays ayant pourtant des systèmes sociaux assez différents : les États-Unis et les pays du Nord de l'Europe.

L'évolution récente des conditions de travail aux États-Unis met en évidence les marges de liberté des acteurs, en dépit des contraintes économiques auxquelles ils sont soumis [Askenazy, 2004 ; Askenazy, 2006]. Les entreprises américaines avaient connu au cours des années 1980 des changements organisationnels profonds, comme l'adoption de la « production allégée » (*lean production*). La productivité s'était améliorée, mais au prix d'une dégradation des conditions de travail et d'une augmentation considérable, dans les branches réorganisées, des accidents du travail et des maladies professionnelles reconnues.

Depuis 1994, au contraire, accidents et maladies sont en net recul, ce qui n'a pas empêché l'économie américaine de connaître des périodes de forte croissance. Cette amélioration résulte de la mobilisation d'une pluralité d'acteurs. Même si ses moyens d'inspection sur le terrain restent limités, l'Occupational Safety and Health Administration, dont l'efficacité était contestée, a adopté une démarche volontariste : nouveaux règlements, amendes élevées aux contrevenants, large publicité donnée aux constats d'infraction, conseil aux petites entreprises. Dans le même temps, les entreprises, obligées par la loi d'assurer leurs salariés contre les sinistres du travail, ont vu leurs primes s'envoler. Elles ont été, de ce fait, sensibilisées aux questions de santé et de sécurité. Le thème a commencé à s'intégrer dans la culture managériale. Les assureurs, quant à eux, ont développé une activité de conseil dans le domaine. Une nouvelle direction de l'AFL-CIO a orienté l'action syndicale en direction des femmes et des minorités, spécialement concernées par les mauvaises conditions de travail. Enfin, des scientifiques se sont attachés à produire des connaissances pouvant servir de support au militantisme et à l'action pour la santé au travail.

De nombreuses entreprises ont combiné des actions ergonomiques et des réorganisations spécialement conçues pour faire baisser les chiffres d'accidents et de maladies reconnues. Elles y sont souvent parvenues sans perte de productivité. Quelle portée accorder à la baisse de ces chiffres ? Les sous-déclarations, réelles, n'expliquent pas tout. Il en est de même de la sous-traitance à l'étranger de certains travaux dangereux. La principale interrogation qui demeure est la suivante : y a-t-il eu amélioration d'ensemble des conditions de travail et de la santé au travail, ou le progrès ne concerne-t-il que les accidents et maladies reconnues ? Certains travaux appuient cette deuxième hypothèse [Appelbaum *et al.*, 2000 ; Fligstein et Shin, 2004], mais, faute de données statistiques, on ne dispose pas d'une vue d'ensemble de l'évolution des conditions de travail aux États-Unis.

*L'exemple nordique*

Le modèle dominant de réorganisation, générateur d'une intensité élevée du travail, a souvent été considéré comme le plus efficace et sa diffusion comme inévitable. Cependant, certaines observations signalaient l'émergence d'un modèle alternatif, fondé sur un fonctionnement en équipe et l'accroissement des compétences des salariés. Une étude statistique menée à partir de l'enquête européenne sur les conditions de travail suggère que ce modèle n'est nullement marginal. Il est même largement diffusé aux Pays-Bas et dans les pays scandinaves [Lorenz et Valeyre, 2005]. Toutes choses égales par ailleurs, il est associé à moins de pénibilités et de risques physiques, à moins de problèmes de santé physique ou psychique attribués au travail [Valeyre, 2006].

Cette organisation plus favorable à la santé au travail et au travail soutenable [Docherty, Forslin et Shani, 2002] n'est pas défavorable à l'efficacité économique, comme le montre la prospérité des économies où elle est le plus diffusée. Les organisations assurant une haute performance ne reposent pas forcément sur une intensité élevée du travail [Ramsay, Scholarios et Harley, 2000]. Une organisation qui encourage la participation et la vie de collectifs crée en elle-même de la confiance. Cette confiance peut être accrue par le constat que font les travailleurs du respect de leur santé et de l'amélioration de leurs compétences. Or la confiance est source d'efficacité [Bjerlöv, Söderberg et Docherty, 2006 ; Kalleberg et Berg, 2006] tandis qu'une pression excessive peut entraîner une perte de cette confiance et un effondrement de l'organisation [Pardi, 2005]. Le choix d'un travail moins intense permet aussi d'améliorer la qualité. À la suite d'une intervention ergonomique, un abattoir de canards gras français a décidé de moduler la vitesse de ses chaînes de production pour faciliter la formation des ouvriers et le remplacement des ouvriers fatigués [Coutarel, Daniellou et Dugué, 2003]. Des espaces ont également été prévus pour travailler en double sur certains postes. Les conditions de travail se sont améliorées et la meilleure découpe des magrets a permis d'augmenter la qualité et l'efficacité économique.

*En France : intensité, autonomie et surtout isolement*

Certains pays européens sont caractérisés par la prédominance d'un modèle d'organisation particulier [Lorenz et Valeyre, 2005]. Dans le Sud de l'Europe, l'organisation simple (comme celle des petites entreprises à un niveau hiérarchique) et l'organisation taylorienne sont encore bien présentes. L'intensité du travail, mesurée par la présence de contraintes de rythme, y est moyenne. L'autonomie des salariés est faible, ainsi que le contenu cognitif de leur tâche. Le Royaume-Uni est le royaume de la *lean production* : intensité forte, qualité encadrée par des normes précises, niveau d'autonomie et contenu cognitif des tâches un peu supérieurs à la moyenne, niveau élevé de coopération. Les pays scandinaves, on l'a vu, ont largement adopté une organisation « apprenante ». Le rythme de travail y est peu contraint, l'autonomie des salariés élevée, le contenu cognitif du travail riche, la coopération assez développée. Aux Pays-Bas, l'organisation du travail a des traits analogues, si ce n'est que le travail est davantage assujetti à des normes de qualité, mais que les salariés bénéficient d'encore plus de coopération.

Tableau 3. **Des organisations du travail différentes selon les pays de l'Union européenne**

| | France | Italie | Royaume-Uni | Suède | Pays-Bas | Union européenne |
|---|---|---|---|---|---|---|
| Indice d'intensité[1] | 0,45 | 0,41 | 0,47 | 0,37 | 0,41 | 0,43 |
| Normes de qualité chiffrées[2] | 0,73 | 0,75 | 0,80 | 0,56 | 0,76 | 0,72 |
| Indice d'autonomie procédurale[3] | 0,67 | 0,61 | 0,63 | 0,78 | 0,74 | 0,62 |
| Indice de contenu cognitif[4] | 0,70 | 0,65 | 0,69 | 0,83 | 0,80 | 0,68 |
| Indice de soutien social technique[5] | 0,36 | 0,35 | 0,65 | 0,66 | 0,70 | 0,53 |

1 : nombre moyen de contraintes de rythme parmi celles dues à la cadence d'un équipement, à des objectifs de production, au travail de collègues, à la demande des clients, à la surveillance par le chef. 2 : proportion de salariés devant respecter des normes de qualité précises. 3 : nombre moyen de réponses positives concernant la possibilité de choisir l'ordre des tâches, la méthode de travail et la vitesse de travail. 4 : nombre moyen de réponses positives concernant le fait de résoudre par soi-même des problèmes imprévus, réaliser des tâches complexes et d'apprendre des choses nouvelles. 5 : nombre moyen de réponses positives concernant le fait de bénéficier « souvent » de l'aide de ses chefs, de collègues ou de personnes extérieures quand on la demande.

*Source* : enquête européenne de 2005 sur les conditions de travail.

La France n'a pas des caractéristiques aussi tranchées. En 2005, les organisations tayloriennes, apprenantes et en *lean production*, y sont représentées comme dans le texte de l'Union européenne, compte tenu de la structure des activités économiques. En 2005, les salariés français connaissent des contraintes de rythme un peu supérieures à la moyenne européenne. Leur degré d'autonomie est plutôt élevé. Mais le niveau de coopération dont ils bénéficient apparaît très faible.

Les causes de la diffusion inégale des différents modèles d'organisation sont encore mal connues. Les traditions culturelles nationales, la formation des dirigeants et des cadres, la composition démographique et socioculturelle de la main-d'œuvre, les institutions régulant le marché du travail et celles encadrant le travail, la force ou la faiblesse des syndicats jouent sans nul doute un rôle. En fait, il n'y a pas plus de déterminisme culturel que de déterminisme économique ou technologique. Les choix d'organisation varient d'une entreprise à l'autre [Paugam, 2000 ; Berg et Kalleberg, 2006]. Les conditions de travail sont influencées par des facteurs aussi divers que la régulation de l'économie au niveau international, les politiques nationales du travail et de la formation, la stratégie des confédérations syndicales, le comportement des entreprises et des syndicats au niveau local, l'action quotidienne des salariés et de leur encadrement. Leur amélioration repose donc sur une multiplicité d'acteurs.

## Le temps de travail et sa réorganisation

La durée annuelle du travail était en moyenne de 3 000 heures pendant les premières décennies du XIXe siècle. Vers 1990, elle n'était plus que de 1 600 heures par an [Marchand et Thélot, 1991]. En 1841, on limita la durée quotidienne du travail des enfants, à la suite de la dénonciation par Villermé [1840] des mauvaises conditions de travail dans l'industrie textile et de leurs conséquences pour la santé. La durée du travail fut au XIXe siècle et pendant une partie du XXe l'enjeu de conflits sociaux, parfois au niveau international. Ces conflits ont incité à une législation de plus en plus favorable aux salariés. Elle a porté sur la durée d'abord quotidienne, puis hebdomadaire (le repos hebdomadaire obligatoire date de 1906), et à partir de 1936 sur la généralisation des congés payés.

La durée effective du travail a été influencée par la législation, mais elle n'en résulte pas toujours directement [Fridenson et Reynaud, 2004]. Jusqu'à l'organisation d'une inspection du travail efficace, à la fin du XIXe siècle, les lois furent mal appliquées. Par la suite on maintint des dispositions très libérales sur les heures supplémentaires, de sorte que la semaine de 40 heures, instituée en 1936, ne devint effective qu'au début des années 1980. La baisse de la durée réelle dans les années 1970 fut surtout liée à la limitation des durées maximales, relayée en 1982 par la semaine de 39 heures. Puis la baisse s'est interrompue, et la durée du travail a même augmenté pour les travailleurs à plein temps, particulièrement pour les cadres. Les lois sur la réduction du temps de travail, entre 1996 et 2000, ont ensuite provoqué de nouvelles baisses.

On a parfois contesté l'idée même de mesurer à long terme l'évolution du temps de travail [Desrosières, 1992]. Il n'y a guère de doute sur l'existence d'une forte baisse, mais le contenu du temps de travail a évolué. Au XIXe siècle, les ouvriers négociaient la rémunération et la tâche à accomplir ; ils étaient souvent, dans ce cadre, maîtres de l'organisation de leur temps et de leur rythme de travail [Cottereau, 1998]. La réduction massive du temps de travail s'est accompagnée d'un accroissement du contrôle exercé par les employeurs sur les horaires et les cadences.

## La « RTT » et ses contrastes

Même si elles s'inscrivent dans le prolongement d'une longue tendance à la diminution du temps travaillé, les mesures de réduction du temps de travail (RTT) impulsées à la fin du XXe siècle et au début du XXIe (*cf.* encadré) ont présenté des caractéristiques particulières, par l'importance des réductions visées, l'engagement des pouvoirs publics et l'ampleur des débats sociaux que ces mesures ont suscités [Pelisse et Bloch-London, 2003].

Il n'est pas dans le propos de cet ouvrage d'analyser les effets de la RTT sur la performance économique des entreprises ou sur l'emploi. Nous évoquerons seulement les résultats de recherches concernant les conséquences de la RTT dans la vie professionnelle et personnelle des salariés.

Les salariés qui ont bénéficié de la RTT ont des conditions de travail plus favorables dans l'ensemble que celles des autres salariés, mais ceci s'explique en partie par des conditions plus favorables préexistant à la RTT elle-même [Coutrot, 2006]. Dominique Méda et Renaud Orain [2002], sur la base d'une enquête auprès de 1 600 salariés connaissant une RTT depuis au moins un an, constatent que la RTT a accru l'irrégularité des horaires pour 15 % des salariés, spécialement parmi les non-qualifiés, hommes (25 %) et femmes (28 %). Plus généralement, l'appréciation des salariés sur le changement dans leurs conditions de travail suite à la RTT se traduit par une moitié de « sans changement », un quart de « dégradation » et un quart d'« amélioration ». Les facteurs d'« amélioration » qu'ils

**Les lois sur la réduction du temps de travail**

La loi « Robien » (juin 1996) instituait un système d'aide aux entreprises qui réduisent le temps de travail pour favoriser l'emploi. Ce dispositif a été remplacé par la loi « Aubry I » (juin 1998) qui fixait par avance la durée légale à 35 heures au 1er janvier 2000 pour les entreprises de plus de vingt salariés, au 1er janvier 2002 pour les autres. Cette loi mettait aussi en place des aides aux entreprises qui négocieraient la RTT en devançant la date annoncée et créeraient des emplois à cette occasion. La loi « Aubry II » (janvier 2000) a confirmé l'abaissement de la durée légale à 35 heures hebdomadaires — ou 1 600 heures annuelles — et ouvert des possibilités d'aide financière fusionnée avec l'allègement des cotisations sociales sur les bas et moyens salaires, sous réserve de certaines conditions en matière de négociation sociale, mais sans contrainte forte sur le niveau des embauches.

citent se situent évidemment du côté du temps libre. Les facteurs de « dégradation », quant à eux, relèvent principalement du sentiment que la charge de travail par unité de temps s'est accrue, et, avec elle, les sensations de fatigue ou de tension. Sont également évoqués les horaires plus flexibles et l'accroissement des temps de présence dans l'entreprise.

L'intensification du travail, sur laquelle nous reviendrons au chapitre V, n'est pas, contrairement à une opinion parfois affirmée, une conséquence directe de la RTT : il s'agit d'une tendance déjà constatée auparavant, et générale dans les pays industrialisés. Pour une partie des salariés, cependant, la RTT a pu accentuer cette évolution [Bunel, 2004 ; Askenazy, 2006]. Dans les négociations, les enjeux d'ordre quantitatif ont été prééminents : durée effective de travail, variation du salaire, embauches, et (pour les pouvoirs publics surtout) nombre d'accords conclus. Dans ce contexte, les questions de conditions et d'organisation du travail ont souvent été renvoyées à des adaptations locales, catégorielles ou individuelles, et les disparités se sont creusées [Pelisse, 2000, 2002 ; Ulrich et Estrade, 2002]. Les sentiments — souvent liés entre eux — d'avoir du mal à s'organiser dans la nouvelle situation, de perdre des repères sur les tâches à accomplir, de se plier hâtivement aux impératifs d'une polyvalence improvisée, ou encore d'avoir été tenu à l'écart de la négociation elle-même sont inégalement distribués dans la population salariée. Ils sont largement le lot des catégories sociales les moins favorisées, des fractions du salariat (des femmes en particulier) les moins bien placées pour faire valoir leur point de vue auprès des négociateurs, ou encore des entreprises dans lesquelles les relations professionnelles sont dégradées. Dans les catégories plus élevées et dans les entreprises soucieuses de la qualité du dialogue social, la peut au contraire se traduire par une vie de travail plus respirable, une « compétence » pour bien choisir ses repos et congés, un surcroît d'autonomie et d'efficacité, et de multiples arrangements collectifs.

S'agissant des effets de la RTT sur la vie hors travail, le bilan apparaît clairement positif. La plupart des salariés concernés jugent que la conciliation entre leurs vies professionnelle et familiale s'en est trouvée facilitée. C'est le cas surtout pour les parents de jeunes enfants, qui se jugent bien plus disponibles pour leur consacrer du temps [Estrade, Méda et Orain, 2001]. La régularité des horaires joue un rôle important dans cette appréciation [Méda et Orain, 2002], alors qu'un surcroît de variabilité est mal vécu. Quant à la vie associative, la RTT, contrairement à certains espoirs, n'a pas amené davantage de salariés à y participer ; mais elle a permis à ceux qui étaient déjà impliqués d'y consacrer davantage de temps [Prouteau et Wolff, 2005]. Au total, si sont prises en compte toutes les conséquences sur la vie quotidienne (dans et hors travail), 59 % des salariés concernés par la RTT jugeaient en 2001 que les effets positifs l'emportaient, contre 13 % faisant part d'une dégradation et 28 % d'un bilan équilibré.

## Est-ce une heure pour travailler ?

L'horaire de travail régulier et diurne est une norme en recul progressif [Bouffartigue et Bouteiller, 2002]. Les équipes alternantes (2 × 8, 3 × 8 ou davantage) connaissent une expansion, lente mais durable, chez les ouvriers et surtout les ouvrières [Bué *et al.*, 2007]. La proportion de salariés travaillant la nuit (dans des heures comprises entre minuit et 5 heures) tend à s'accroître, davantage chez les femmes ; parmi ces salariés, le nombre de nuits travaillées est lui-même en augmentation.

Cette évolution ne constitue pas une dégradation uniforme des conditions de vie et de travail [Gadbois, 1990]. Le travail en horaires décalés ou nocturnes peut être assorti de compensations (rémunération, ambiance de travail, marges de manœuvre dans la vie personnelle) qui débouchent sur des compromis jugés acceptables par les salariés, voire préférables à la situation qu'ils auraient en horaires « normaux ». Mais de nombreuses recherches en psychophysiologie et en psychologie sociale montrent que ces formes d'horaires ont des conséquences importantes sur l'organisme humain et sur la vie familiale et sociale.

### Temps partiel : progression durable, satisfactions inégales

À la fin des années 1990, 18 % des salariés en France travaillaient à temps partiel [Gaye, Le Corre, 1999]. La progression de ce pourcentage était alors sensible, puisqu'il n'était que de 9 % en 1982. La politique publique avait favorisé cette expansion, notamment grâce à des aides financières. Mais la diffusion du travail à temps partiel en France ne s'est pas poursuivie (17 % en 2004 [DARES, 2005]) et elle reste très en deçà de ce qu'elle est dans les pays d'Europe du Nord (38 % de salariés à temps partiel aux Pays-Bas).

Le succès très… partiel de ce type d'horaire ne tient pas seulement aux faibles rémunérations dont il s'accompagne souvent, ni même à la fréquente restriction des possibilités de carrière [Angeloff, 2000]. Les emplois à temps partiel imposent souvent des conditions de travail contraignantes : impossibilité de s'absenter pendant le travail, mobilisation pendant le week-end, moindre accès à la formation [Galtier, 1999a], horaires instables, morcelés, imprévisibles [Bué et Rougerie, 1999].

Plus des quatre cinquièmes des salariés à temps partiel sont des femmes. L'acceptation plus ou moins forcée de durées de travail très courtes va souvent de pair avec un faible revenu du conjoint, alors que pour les couples les plus riches et les plus diplômés le travail à temps partiel semble faire l'objet d'un arbitrage entre travail et loisirs [Galtier, 1999a]. Ces inégalités se retrouvent dans l'organisation du travail : le temps partiel contraint et peu rémunéré est celui qui s'assortit le plus souvent d'impératifs de flexibilité subis [Puech, 2004], situation à laquelle on peut opposer par exemple l'organisation très maîtrisée de « binômes » de cadres partageant un poste. Et l'inégalité se retrouve aussi en matière de parcours professionnels [Galtier, 1999b] : pour les jeunes femmes peu diplômées, le temps partiel, avec un faible nombre d'heures, est souvent la seule voie de sortie du chômage, mais ne débouche que rarement sur un emploi à temps complet.

En 2004, 11 % des salarié(e)s à temps partiel cherchaient un autre emploi pour travailler davantage, et 19 %, sans faire une telle recherche, souhaitaient être à temps plein et étaient disponibles pour cela [DARES, 2005]. Jennifer Bué et Dominique Roux-Rossi [2002] affinent la distinction entre temps partiel « choisi » et temps partiel « contraint » en séparant les temps partiels « par décision du salarié », « à l'initiative de l'entreprise » et « à l'embauche ». Lallement [2003, p. 136] insiste plus généralement sur la nécessité de prendre en compte « le caractère négocié […] des ordres et des mondes sociaux dans lesquels s'inscrivent les politiques d'incitation au temps partiel ».

La majorité des fonctions de l'organisme humain présentent une rythmicité sur vingt-quatre heures, dite circadienne [Quéinnec, 1993]. La température du corps, la force musculaire, la fréquence cardiaque au repos, la rapidité des réponses motrices, mais aussi les performances de la mémoire à court terme et les capacités de raisonnement logique sont maximales à tel ou tel moment de la journée, minimales à d'autres moments. Ces rythmes ne sont pas tous en phase : pour la mémoire le maximum est atteint vers la fin de matinée, pour les réponses motrices au milieu de l'après-midi, pour la force motrice en début de soirée. Les conséquences d'une sollicitation de l'organisme humain ne sont donc pas les mêmes d'une heure à l'autre. Si le travail oblige à mémoriser des informations, exercer de la force, ou rester vigilant, à des heures anormales, ces actes ne s'effectueront pas de façon aussi aisée, performante, et protectrice pour la santé [Barthe *et al.*, 2004]. Par ailleurs les horaires de travail déterminent les périodes de sommeil et la prise des repas. Or les divers moments de la journée et de la nuit ne sont pas également propices à l'alimentation ni, surtout, au sommeil [Foret, 1978].

À l'intérieur même d'un mode d'organisation des horaires (comme les 3 × 8), de nombreux aménagements restent à définir [Quéinnec *et al.*, 1992] : durée et fréquence des plages nocturnes, rythmes et sens des rotations, synchronisation avec les modes de transport, etc. Les conséquences des horaires décalés sur la santé et sur la pénibilité ressentie par les salariés, dépendent de ces modalités précises d'aménagement. Elles dépendent aussi du contenu du travail à chaque heure. Une forte sollicitation (urgence, pression du public) est particulièrement pénalisante en fin de poste de nuit, et retarde le sommeil après le retour à domicile. À l'inverse, des formes spécifiques de répartition des tâches et de coopération peuvent permettre à un collectif de travail d'atténuer la fatigue [Barthe, 2000].

### *Horaires de travail, vie familiale, vie sociale*

Les horaires atypiques ont aussi pour effet de perturber la vie familiale, les activités culturelles et la vie sociale [Boulin *et al.*, 1998]. « Déphasé par rapport aux rythmes généraux de la vie sociale, ce type d'horaires tend à restreindre le temps pendant lequel le travailleur posté et chacun des membres de sa famille peuvent se trouver simultanément disponibles pour entrer en relation et partager les [...] activités de la vie hors travail » [Quéinnec *et al.*, 1995]. Les travailleurs postés se plaignent beaucoup plus que les autres de manquer de temps à partager avec leur famille. En fait les pères travaillant en équipes alternantes ont plus de temps à passer avec leurs enfants quand ceux-ci sont très jeunes ; mais ils en ont moins dès que ces enfants commencent à avoir des rythmes de vie imposés par les horaires de l'école. Quand le père est « posté », la mère supporte une plus grande part de l'éducation des enfants. Les relations entre père, mère et enfants en sont affectées. Le travail en équipes de la mère (généralement en 2 × 8) a un impact plus grand encore parce que le père ne compense pas forcément sa faible disponibilité. Les mères qui travaillent de nuit pour pouvoir s'occuper de leurs enfants pendant la journée (notamment dans les professions de santé) le font au détriment de leur temps de récupération personnel.

### Le morcellement et l'incertitude

L'évolution de l'organisation du travail, sous l'effet de logiques techniques et surtout commerciales, banalise deux contraintes difficiles à gérer pour les salariés : une part croissante d'entre eux doit s'accommoder de périodes de travail qui se scindent et la programmation des horaires est de moins en moins prévisible. En 2005, un salarié sur cinq ignore ses horaires du mois à venir ; et un sur vingt ne connaît pas même ses horaires du lendemain [Bué *et al.*, 2007]. Chez les cadres et les professions intermédiaires, ces emplois du temps imprévisibles vont souvent de pair avec une certaine liberté dans la détermination des horaires. Il n'en va pas de même pour les ouvriers et les employés des services : leurs horaires peuvent être à la fois tardivement indiqués et strictement fixés.

Un exemple souvent cité est celui des caissières de supermarché [Alonzo, 1997 ; Prunier-Poulmaire, 2000]. La volonté des directions de magasins d'adapter leur effectif aux fluctuations de la clientèle entraîne un calcul du nombre de caisses à ouvrir, quart d'heure par quart d'heure. Les emplois du temps changent chaque jour. Les amplitudes les plus importantes se cumulent en fin de semaine, les jours de grande affluence. Pour les caissières, il devient difficile d'organiser leur vie familiale (beaucoup d'entre elles ont des enfants en bas âge), et même leurs repas, qui se décalent d'un jour à l'autre. Les coupures en cours de journée peuvent être trop courtes pour rentrer chez soi et trop longues s'il s'agit seulement de déjeuner. Les pauses sont parfois supprimées, souvent écourtées ou repoussées. L'autorisation de se rendre aux toilettes est elle-même subordonnée à l'affluence dans le magasin. Toutes ces irrégularités finissent par se répercuter sur la durée du travail elle-même, en raison d'heures complémentaires effectuées à l'improviste. Ces heures complémentaires, payées au même taux que les heures normales (car 80 % des caissières sont à temps partiel) ne sont pas obligatoires. Mais leur acceptation un jour donné renforce la possibilité de s'en voir proposer d'autres par la suite, donc d'améliorer son revenu, et de protéger un peu mieux son emploi.

Les chauffeurs routiers, même quand ils sont censés maîtriser l'usage de leur temps, doivent composer avec les logiques d'organisation et les rythmes des activités économiques qu'ils relient [Hamelin, 1993 ; Lefebvre, 1996]. Ils tentent d'utiliser les heures

« normales » de travail des autres salariés pour charger ou décharger les marchandises, faire les opérations administratives ou commerciales — autant de tâches soumises à de nombreux aléas, avec des durées difficilement prévisibles. Puis ils reportent une grande part de la conduite sur les heures de nuit, pour se rapprocher du prochain point de chargement ou de déchargement. Seule une gestion précise de leurs diverses activités leur permettra, si tout se passe bien, de rentrer chez eux en fin de semaine et de consacrer un peu de temps à leur vie familiale.

La sous-traitance contribue elle aussi aux discontinuités dans le temps de travail. Ainsi la maintenance dans l'industrie nucléaire [Doniol-Shaw *et al.*, 1995], fréquemment sous-traitée, s'effectue surtout entre avril et octobre. Durant cette période les personnels circulent d'une centrale à une autre, souvent avec une caravane pour réduire les frais d'hôtel. D'une semaine à l'autre ils ignorent dans quelle centrale ils vont être envoyés, et ne peuvent donc, en particulier, programmer leurs retours dans leur famille, à moins que celle-ci n'adopte une vie nomade pendant tout l'été. Les congés « normaux », quant à eux, sont pris pendant l'hiver.

L'impact des politiques de réduction du temps de travail sur le caractère plus ou moins morcelé et imprévisible des horaires ne pourra sans doute s'apprécier qu'à moyen terme. L'enquête SUMER a fourni des premières indications en 2002-2003 : les horaires des salariés ayant bénéficié d'une RTT sont à la fois plus flexibles et mieux connus à l'avance que ceux des autres salariés [Coutrot, 2006].

## V / Améliorer les conditions de travail

Sur le très long terme, le développement économique et technique s'est accompagné de la disparition de bien des tâches pénibles, insalubres ou dangereuses : il suffit de comparer le début et la fin du XXe siècle pour s'en convaincre. L'amélioration des conditions de travail résulte pour une part des changements dans la structure des emplois : déclin numérique de la paysannerie puis, à partir de la fin des années 1970, de la classe ouvrière, croissance de la proportion des cadres. Les activités économiques « tertiaires » occupent une part grandissante de l'emploi. Le progrès technique s'accélère. Peut-on s'en remettre à ces évolutions pour régler le problème des conditions de travail ? Selon nous, non. D'une part, compter uniquement sur elles reviendrait à sacrifier deux ou trois générations. D'autre part leurs effets ne sont pas toujours favorables. Enfin les conditions de travail évoluent aussi sous l'effet des luttes sociales et politiques. La dernière partie du XXe siècle montre qu'une régression sociale peut entraver l'action du progrès économique et technique. L'amélioration des conditions de travail n'est donc pas « naturelle ». Elle exige des interventions spécifiques de divers acteurs.

### Le progrès ne sera pas spontané

#### *Les effets décevants de la modernisation technique*

Dans les années 1970, il semblait admis que des solutions pouvaient et devaient être apportées à la faible qualification et à la pénibilité du travail ouvrier. Des opportunités semblaient offertes par un recours accru à la mécanisation et à l'automatisation. Pourtant les enquêtes statistiques montrent que le progrès technique n'entraîne pas automatiquement une amélioration des conditions de travail.

Une première explication réside dans l'évolution des horaires. La modernisation technique, impliquant le recours à des équipements plus lourds et plus coûteux, s'assortit d'une extension des horaires irréguliers et décalés, et notamment nocturnes. La même remarque vaut pour la pression temporelle, que l'équipement modernisé va relayer et souvent accentuer en engendrant de nouvelles butées et en accroissant le coût des retards.

Enfin, les formes traditionnelles de pénibilité physique ne disparaissent pas toujours lors des modernisations. Pourtant une partie des innovations sont bénéfiques. La raréfaction des postes obligeant à travailler avec les bras en l'air, les aides à la manutention, la légèreté et la maniabilité de nombreux outils, l'automatisation de la peinture, de la soudure ou du rivetage, la mise en place de cabines isolées pour le contrôle des installations, des techniques de ventilation plus efficaces, les améliorations dans la sûreté des machines, les matériaux nouveaux pour des équipements de protection individuelle ont rendu le travail moins épuisant et moins dangereux. Mais, en même temps, la maintenance, les contrôles, les réparations, les réponses aux incidents, obligent à des efforts ou des postures difficiles, non prévus lors de la conception [Daniellou, 1998]. Car les concepteurs des équipements ne connaissent pas toute l'activité réelle. Ils utilisent souvent des descriptions officielles des tâches, qui privilégient les situations normales de production, ou au contraire les incidents graves. La variabilité quotidienne (usure des outils, niveau du stock de matières ou de pièces, petites pannes, questions imprévues posées par des clients ou des usagers) n'est pas prise en compte, et cette méconnaissance est source de dangers ou de pénibilités dont la prévention n'a pas été organisée.

### *Le tertiaire n'est pas un secteur abrité*

La tertiarisation de l'économie peut certes contribuer à la régression de certaines pénibilités et de certains risques, mais elle n'entraînera pas la fin des pénibilités et des risques. C'est une évolution lente, dont les effets ne pourront être appréciables qu'au bout de plusieurs décennies. Même pour un risque aussi typiquement industriel que les blessures sur machine, la baisse attribuable aux changements de la structure des emplois n'est que de deux ou trois dixièmes de point par an.

Le tertiaire est un fourre-tout qui comprend les transports et leurs risques spécifiques, le commerce, donc de la manutention, les hôpitaux, bon nombre d'activités de réparation, le nettoyage industriel. Dans un secteur comme la banque, on trouve des personnels

### Le « Sud » : des conditions de travail en voie de développement ?

Le travail est plus pénible, plus insalubre, plus dangereux, dans les pays en voie de développement industriel. L'interprétation la plus commune met en cause les niveaux de prospérité de ces pays, leur degré d'industrialisation et de tertiarisation, les formations scolaires et universitaires, etc. Cette lecture permet seulement d'espérer une amélioration lente, au rythme d'un progrès technique supposé bénéfique.

L'approche anthropotechnologique développée par Alain Wisner [1995] et par des chercheurs et praticiens qu'il a formés dans divers pays, modifie ce cadre d'analyse, en considérant que des voies de transformation sont déjà disponibles, mais qu'à l'inverse le « progrès » a besoin d'être maîtrisé. L'anthropotechnologie, comme l'ergonomie, vise en premier lieu à résoudre des cas, à surmonter des difficultés, à éviter des dégâts, pour la santé des travailleurs ou pour la production. Elle adopte une méthode comparative, en analysant notamment les points critiques d'un système technique dans un pays « vendeur » (au Nord) et dans un pays « acquéreur » (au Sud). Elle élucide ainsi les difficultés en construisant « un arbre des causes qui ne se limite pas aux aspects techniques et organisationnels les plus proches du poste de travail ». En restituant la complexité des causes, elle désigne des améliorations précises et accessibles : autoriser l'importation d'un gaz rare pour climatiser un centre de contrôle de processus ; agrandir des cuves de stockage pour des produits pétroliers dont l'arrivage est irrégulier, afin de stabiliser l'organisation d'une usine de mélanges d'huiles [Langa, 1994] ; soigner la maintenance des étançons hydrauliques dans une mine de phosphates, pour tenir compte de leur haut niveau d'utilisation dans l'activité des mineurs ; ou tout simplement penser à traduire des instructions dans une langue vernaculaire locale.

Une partie de ces obstacles provient de fautes dans le transfert de technologie et dans l'exportation du « progrès » [Wisner, 1984]. Des produits toxiques que l'on n'utilise plus « au Nord », ou qui réclament d'importantes précautions, sont maniés « au Sud » sans protections ni outillage appropriés. Il en va de même pour certaines machines, vendues sans leur système de sécurité. Sans aller jusqu'à ces pratiques extrêmes, souvent illégales, on se rend compte que les concepteurs du pays vendeur ont une représentation imparfaite des travailleurs ou du travail dans le pays acheteur : le rapport longueur/largeur de chaussures de sécurité ne correspond pas aux morphologies locales ; le dispositif de surveillance d'une installation n'a pas tenu compte de la période de Ramadan ; ou encore, les compétences de chasseurs ou d'artisans africains sont insuffisamment connues, d'où une mauvaise évaluation (et une sous-estimation) des transferts de connaissances qu'ils pourraient opérer dans une tâche industrielle [Meckassoua, 1985].

---

d'entretien, des informaticiens et des vigiles qui travaillent de nuit. Quant aux employés de banque proprement dits, la plupart sont en contact permanent avec le public et ils sont aussi souvent tenus à des normes de production que les autres salariés.

Les pénibilités et risques « industriels » peuvent être pires dans certaines branches tertiaires que dans l'industrie : ainsi la réparation automobile. La tertiarisation entraîne aussi l'apparition ou la n de nouveaux problèmes de conditions de travail, liés à l'activité de service. Enfin elle correspond à un changement des structures sociales : poids croissant des cadres et des professions intermédiaires ; appel à une main-d'œuvre bien formée que l'expansion scolaire fournit en abondance. Ces changements sociaux entraînent la prise de conscience de problèmes relativement négligés jusqu'alors, des risques du tabagisme passif au « stress » et aux conditions psychologiques de travail en général.

Tableau 1. **La réparation automobile : une activité tertiaire, des conditions de travail encore plus dures que dans l'industrie**
(pourcentage de salariés de la réparation automobile déclarant être exposés à certaines conditions de travail, en 2005)

| | |
|---|---|
| Devoir travailler dans une posture pénible ou fatigante à la longue | 67 % |
| Subir la saleté | 71 % |
| Respirer des fumées ou des poussières | 83 % |
| Risquer d'être blessé ou accidenté | 77 % |
| Avoir eu au cours des douze mois précédant l'enquête au moins un accident de travail obligeant à se faire soigner | 19 % |

*Source* : enquête DARES-INSEE de 2005 sur les conditions de travail.

### *Les insuffisances du marché*

Le jeu du marché peut-il contribuer à améliorer les conditions de travail ? Pour nombre d'économistes classiques et néoclassiques, oui, au moins jusqu'à un certain point : les entreprises vont offrir de bonnes conditions de travail à leurs salariés pour éviter d'avoir à les payer trop cher. Un salarié qui accepte de mauvaises conditions de travail va exiger un supplément de salaire, une « différence compensatoire ». Au contraire, pour bénéficier de bonnes conditions de travail, ou d'un travail plus intéressant, plus agréable, on devra accepter une moindre rémunération [Smith, 1776 ; Cantillon, 1755].

Selon cette théorie des différences compensatoires, les entreprises et les salariés opèrent un arbitrage entre les caractéristiques monétaires et non monétaires des emplois [Sattinger, 1977 ; Rosen, 1986]. Si le coût d'amélioration des conditions de travail est inférieur au supplément de rémunération qui les compense, les entreprises vont les améliorer. Il n'en résulte pas, cependant, que les conditions de travail seront forcément bonnes. Si le coût de la compensation est inférieur à celui de l'élimination des mauvaises conditions de travail, celles-ci vont perdurer. La compensation pourra même dissuader les salariés d'entreprendre une action collective pour les améliorer.

Situation qui correspondrait à un équilibre, mais qui n'est pas forcément souhaitable : les salariés peuvent avoir en fait une marge de choix réduite (par exemple s'ils sont endettés) ; ils ne sont pas forcément informés des conséquences à long terme de leurs conditions de travail ; le coût des effets pathogènes ou infrapathogènes des mauvaises conditions de travail retombe en partie sur les employeurs ultérieurs et sur la collectivité. Il faudrait en outre que les directions connaissent la réalité des conditions de travail, et le prix à payer pour les améliorer, ce qui est loin d'être toujours le cas.

Pour les tenants de la segmentation du marché du travail (dont l'idée remonte au moins à John Stuart Mill [1848]), au contraire, bonnes conditions de travail et bons salaires concernent les mêmes emplois et les mêmes salariés, ceux des segments dits « primaires », par opposition aux segments « secondaires » [Doeringer et Piore, 1971]. Cette théorie aussi, malgré les nombreux enrichissements qui lui ont été apportés [Zajdela, 1990], ne s'accorde qu'en partie avec les observations. Les industries tayloriennes et fordiennes pratiquent vis-à-vis de leurs ouvriers, au moins ceux de sexe masculin, une politique d'emploi relativement stable et de salaires relativement élevés. Pourtant, la sociologie du travail a décrit d'une manière convaincante la dureté des conditions de travail dans ces entreprises : les conditions d'emploi relativement favorisées ne s'accompagnent donc pas toujours de bonnes conditions de travail.

Divers auteurs ont procédé à des tests empiriques de ces théories contradictoires. Tous ces tests recourent à l'économétrie pour essayer d'isoler l'effet des conditions de travail sur le salaire. En effet il est insuffisant de constater que, dans l'ensemble, les salariés qui subissent de mauvaises conditions de travail sont mal payés. La théorie des différences compensatoires ne prédit pas qu'un salarié acceptant de mauvaises conditions de travail est nécessairement mieux payé qu'un autre. Elle affirme seulement qu'il est mieux payé qu'un autre salarié qui les refuserait, mais aurait par ailleurs les mêmes caractéristiques. Inversement, les théories de la segmentation ne prétendent pas que les OS des entreprises du segment primaire gagnent plus que les cadres de petites entreprises à main-d'œuvre instable, mais seulement qu'à caractéristiques égales l'appartenance à tel ou tel segment entraîne un bonus ou un malus salarial, et aussi, simultanément, de meilleures ou de moins bonnes conditions de travail. Il faut donc raisonner « toutes choses égales par ailleurs ».

Les nombreuses recherches réalisées n'ont pas apporté de preuve convaincante de la théorie des différences compensatoires [Vicard, 2007a]. Certains résultats la confortent [Rosen, 1986 ; French et Dunlap, 1998], mais on observe souvent que les salariés exposés à de mauvaises conditions de travail gagnent moins, toutes choses égales par ailleurs, que les autres [Smith, 1979 ; Mac Nabb, 1989 ; Hamermesh et Wolfe, 1990 ; Verhofstadt *et al.*, 2007].

De nombreux chercheurs en ont conclu que la théorie des différences compensatoires était fausse [Kalleberg et Sørensen, 1979]. D'autres auteurs ont cependant attribué ce résultat à des difficultés méthodologiques [Smith, 1990]. Première difficulté : l'évaluation de l'effet des conditions de travail sur le salaire est biaisée si des variables non mesurées influent à la fois sur les conditions de travail et sur le salaire (par exemple : la spécialité du diplôme, les relations utilisables dans la recherche d'un emploi...). Ce point de vue est d'ailleurs celui de la segmentation, qui ne prétend pas que l'affectation de la main-d'œuvre aux différents segments du marché du travail se fait au hasard. La façon la plus fiable de traiter la question est d'utiliser des données de panel (observations répétées concernant les mêmes sujets) pour voir directement comment évolue le salaire d'un individu quand ses conditions de travail changent. Brown [1980] a ainsi montré, sur des données américaines, que la dégradation des conditions de travail s'accompagnait, toutes choses égales par ailleurs, d'une stagnation voire d'une dégradation du salaire. Seul le fait d'entrer dans une profession où le niveau de risques mortels est élevé donne lieu à une compensation salariale clairement positive. De même, Duncan et Homlund [1983], sur des données suédoises, ont montré que la compensation dépendait de la nature précise des conditions de travail, les risques mortels étant compensés, mais pas les pénibilités.

Une seconde difficulté méthodologique concerne la mesure des conditions de travail. Soit celle-ci repose sur les déclarations des salariés, soit on attribue à chaque individu les conditions de travail moyennes de sa profession. Les résultats obtenus de cette seconde façon sont malheureusement très dépendants des nomenclatures utilisées [Leigh, 1991 ; Gegax, Gerking et Schulze, 1991]. La première méthode a également été critiquée, en raison de son caractère « subjectif ». Cañada-Vicinay [1997] a proposé d'expliquer l'impossibilité de valider empiriquement la théorie des différences compensatoires par le fait que les salariés mal payés se plaindraient davantage de leurs conditions de travail. On se demande cependant comment des conditions de travail sur lesquelles les salariés portent des jugements volatils peuvent faire l'objet d'un marché, dont le bon fonctionnement paraît supposer qu'elles aient une désutilité fixe.

L'absence de différence compensatoire pour une pénibilité ou un risque ne signifie pas que les salariés ne souhaitent pas sa compensation ou ne sont pas prêts à gagner moins dans un travail respectant mieux leur santé. Encore faut-il que le jeu du marché le permette. Le marché du travail peut n'être pas assez fluide pour atteindre un équilibre [Hwang *et al.*, 1998 ; Lang et Majumdar, 2004 ; Bonhomme et Jolivet, 2005]. La qualité des conditions de travail peut aussi être entachée de trop d'incertitude pour permettre au marché de jouer. Grâce au questionnaire détaillé et au large échantillon des enquêtes françaises, on a pu montrer que la compensation des mauvaises conditions de travail dépend de leur degré d'objectivation [Baudelot et Gollac, 1993 ; Vicard, 2007b]. Les pénibilités, nuisances et risques bien objectivés rapportent le plus souvent, toutes choses égales par ailleurs, un supplément de salaire. Tel est le cas du travail posté (2 × 8, 3 × 8), forme d'organisation des horaires imposée par l'entreprise, visible et incontestable, ou du travail de nuit, dont la définition fait l'objet d'une norme juridique précise. Au contraire, des pénibilités difficiles à définir, comme porter des charges lourdes, ou travailler dans une posture pénible, sont associées à un salaire moins élevé, toutes choses égales par ailleurs.

Ces résultats contredisent la théorie des différences compensatoires. Ils s'intègrent mieux dans la théorie de la segmentation, en la nuançant. Dans le segment secondaire, les conditions de travail sont peu « visibles ». Même lorsqu'elles sont perçues par les salariés, ce qui n'est pas toujours le cas, elles ne donnent pas lieu à un accord sur leur existence et leur mesure ; il n'y a pas de base pour une négociation de leur valeur. Les salariés qui ressentent une insatisfaction vis-à-vis de leurs conditions de travail et de leur salaire n'ont d'autre choix que d'accepter la situation ou de quitter l'entreprise. Les entreprises ne sont pas contraintes à augmenter les salaires, si elles peuvent tolérer la rotation rapide de la main-d'œuvre. Cette rotation rend difficile l'émergence d'une conscience précise des conditions de travail. L'incertitude sur le travail et sur les caractéristiques d'une main-d'œuvre mobile pousse à une politique de bas salaires : il y a tendance à la formation d'un cercle vicieux.

Dans le segment primaire, les conditions de travail sont mieux objectivées, et compensées : l'objectivation permet un certain jeu du marché. Les salariés peuvent être rebutés par certaines formes de travail, mais ils sont retenus par les hauts salaires. Il y a tendance à la formation d'un cercle vertueux car la stabilité de la main-d'œuvre favorise en retour l'objectivation des conditions de travail, directement ou grâce à la formation de syndicats (cependant Daniel et Sofer [1998], à partir d'une modélisation des négociations entre syndicat et entreprise, estiment que la puissance syndicale est plutôt un obstacle à la formation de différences compensatoires).

L'insuffisante compensation salariale des mauvaises conditions de travail est jugée injuste par les salariés [Godechot et Gurgand, 2000]. Il semble que le jeu du marché contribue à la régulation de certaines conditions de travail comme le travail de nuit, le travail posté, les risques extrêmes. Mais cette action modératrice du marché est rien moins que spontanée. Elle suppose l'action préalable d'institutions susceptibles de faire émerger les conditions de travail et de les objectiver. De ce point de vue le marché ne s'oppose pas à la négociation collective : ces deux modes de régulation tendent à être efficaces (ou inefficaces) dans les mêmes univers et à propos des mêmes objets.

## Les acteurs du progrès

### *L'action des pouvoirs publics*

Périodiquement, de hauts responsables de l'État tentent de redéfinir des objectifs d'action pour les pouvoirs publics dans le domaine des conditions de travail.

Au début des années 1970, le gaullisme réformateur et la thématique de la « nouvelle société » promue par le gouvernement Chaban-Delmas ont inspiré la loi de décembre 1973. Celle-ci fixait un cadre de négociations sur les conditions de travail. Elle créait, dans les entreprises de plus de 300 salariés, des commissions paritaires sur ce thème. À cette époque fut également fondée l'Agence nationale pour l'amélioration des conditions de travail (ANACT), sous tutelle du ministère du Travail, avec un conseil d'administration composé de représentants des salariés et des employeurs. Un objectif essentiel de cette agence est de promouvoir et populariser des actions-pilotes, avec un appui technique et financier (grâce à un fonds spécifique, le FACT).

En 1981-1982, Jean Auroux, ministre du Travail dans les débuts du gouvernement de gauche, a laissé son nom à un rapport sur la citoyenneté dans l'entreprise, et à une série de lois. L'une d'elles a institué le droit d'expression directe et collective des salariés sur leurs conditions de travail (« groupes d'expression »). Une autre a établi le droit d'alerte et le droit de retrait dans les situations de travail dangereuses, et étendu le champ d'action des comités d'hygiène et sécurité (CHS) en leur donnant compétence sur les conditions de travail (d'où l'appellation : CHS-CT).

En 1991, Martine Aubry, ministre du Travail dans le gouvernement Rocard, prononçait une communication au conseil des ministres sur le thème : « Changer le travail » [Aubry, 1991].

### La France pourrait mieux faire…

La comparaison avec les autres membres de l'Union européenne montre que les salariés français ont des conditions de travail excellentes à certains égards et médiocres par d'autres aspects. Il ne faut pas porter un regard catastrophiste sur les conditions de travail en France, mais il est clair que des marges de progression existent.

La France est un pays riche ; mais, par rapport à d'autres pays ayant un niveau économique comparable, on s'y est intéressé tardivement à l'environnement et au travail comme facteurs de santé. La réglementation française du travail est très protectrice ; mais, dans bien des domaines, elle est peu appliquée. Des efforts sont faits pour améliorer les conditions de travail ; mais ils sont ponctuels. L'état des conditions de travail dans notre pays traduit ces ambiguïtés.

La faible durée du travail, résultat des récentes lois sur la réduction du temps de travail (*cf.* chapitre III), est un avantage appréciable. Les salariés français sont nombreux à bénéficier de durées de travail courtes, alors qu'ils sont moins souvent à temps partiel ; surtout, ils sont peu à subir des durées très longues, potentiellement dangereuses pour la santé. Il leur arrive moins souvent de faire de longues journées de travail, ils bénéficient plus souvent de deux jours de repos dans la semaine, ils sont moins nombreux à travailler la nuit ou le week-end, ils peuvent un peu plus souvent choisir leurs horaires, ils sont moins dérangés par téléphone ou par courriel en dehors de leur temps normal de travail.

La situation de la France est nettement moins enviable en ce qui concerne l'environnement de travail. Les salariés de notre pays se déclarent, plus que la moyenne, exposés au bruit, à la chaleur, au froid, aux fumées et aux toxiques. Les résultats français sont cependant plus favorables pour les risques liés aux radiations et les risques infectieux.

Surtout, les pénibilités physiques sont particulièrement répandues en France, en particulier les postures pénibles et la manipulation de charges lourdes.

Enfin, le rapport subjectif au travail des salariés français diffère de celui des

Elle manifestait la volonté d'impulser des transformations permettant d'une part d'assurer la compétitivité en « s'appuyant sur les ressources des salariés », d'autre part de satisfaire les attentes des salariés qui « souhaitent en premier lieu un travail ne portant pas atteinte à leur santé ».

Pour y parvenir, les actions proposées (interventions de l'ANACT, moyens offerts par le FACT, sessions d'études au sein de l'Institut national du travail) relevaient largement d'une « action de conviction de la part du gouvernement et des acteurs de la vie économique et sociale ». Mais le rapport en appelait aussi à « une amélioration de la prévention des risques professionnels » et au « contrôle accru demandé aux inspecteurs du travail ».

En 1991 toujours, une loi transcrivait en droit français une directive européenne rendant obligatoire la constitution dans chaque entreprise d'un « document unique » relatif à l'évaluation des risques pour la santé et la sécurité des travailleurs. Cette loi est entrée en application à la suite d'un décret datant, lui, de 2001. Le document autres Européens d'une façon qui ne se résume pas par « mieux » ou « moins bien ». Sentiment de pouvoir bien faire son travail, d'être utile et surtout possibilité d'appliquer ses idées sont des points forts, liés à une assez forte autonomie. En revanche, les Français estiment ne pas recevoir une rétribution économique à la hauteur de leur travail. Et s'ils craignent relativement peu de perdre leur emploi à court terme, ils sont 42 %, contre 25 % des autres Européens, à penser ne pas être capable de faire le même travail à l'âge de 60 ans, alors qu'ils ne sont que 5 %, contre 12 %, à ne pas le désirer. Ce sentiment d'un travail qui n'est pas soutenable a sans doute plusieurs causes, parmi lesquelles la forte intensification du travail en France au cours des années 1980 et 1990 et le comportement des entreprises françaises qui écartent bon nombre de leurs salariés avant 60 ans et refusent d'embaucher des quinquagénaires.

**Tableau 2. Quelques particularités des conditions de travail en France**

| Pourcentage de salariés déclarant... | France | Autres pays de l'Union européenne |
|---|---|---|
| 45 heures par semaine ou davantage | 7 % | 18 % |
| Travailler certaines nuits | 16 % | 19 % |
| Travailler certains dimanches | 18 % | 25 % |
| Travailler dans une posture pénible au moins la moitié du temps | 38 % | 28 % |
| Ne pouvoir appliquer leurs idées que rarement | 20 % | 27 % |
| Ne pas pouvoir faire le même travail à 60 ans | 42 % | 25 % |
| Ne pas vouloir faire le même travail à 60 ans | 5 % | 12 % |

*Source* : enquête européenne de 2005 sur les conditions de travail.

unique recense, en principe, l'ensemble des risques professionnels, y compris organisationnels, et les mesures de prévention correspondantes.

En 2002, la loi de « modernisation sociale » inscrivait dans le droit la notion de harcèlement moral. En 2003, le débat sur la réforme des retraites a éludé la question de la santé au travail, réduite au droit à un départ anticipé pour des professions particulièrement pénibles. La définition de cette pénibilité est d'ailleurs demeurée en suspens [Héas, 2005 ; Volkoff, 2006]. En 2004, la santé au travail a été définie comme une priorité par le gouvernement. Un plan quinquennal 2005-2009 « Santé au travail » (PST) a été mis en place (www.travail.gouv.fr). Il comporte 23 actions prioritaires, visant quatre objectifs : « Développer les connaissances des dangers, des risques et des expositions en milieu professionnel ; renforcer l'effectivité du contrôle ; réformer les instances de pilotage et décloisonner les approches des administrations ; encourager les entreprises à être acteurs de la santé au travail. » Le plan national

« Santé-environnement », piloté par les ministères de la Santé, de l'Écologie, du Travail et de la Recherche, reconnaît un déficit de connaissances, notamment en ce qui concerne « les effets sur la santé de l'organisation du travail et des relations de travail », et recommande « une approche pluridisciplinaire (technique, organisationnelle et médicale) de l'évaluation globale des risques en entreprise ». L'appel d'offres lancé par l'Agence nationale de la recherche dans le cadre de ces plans fait une large part aux déterminants sociaux de la santé au travail. Il est trop tôt pour dire si ce renouveau d'intérêt pour la santé au travail produira des résultats tangibles et durables. En juillet 2007, la santé au travail ne figure plus parmi les « grands chantiers du gouvernement ».

La mise en œuvre des politiques de santé au travail repose largement sur les inspecteurs et contrôleurs du travail. Son efficacité est limitée par la modestie des effectifs : environ 500 inspecteurs et 1 000 contrôleurs du travail doivent « suivre » près d'un million d'établissements employant des salariés. Les inspecteurs du travail n'ont qu'une expertise technique limitée et ils doivent arbitrer entre des objectifs en partie contradictoires [Dodier, 1993 ; Tiano, 2003]. Ils sont de plus confrontés, selon Triomphe [1998] à un « affaiblissement de la norme étatique : textes législatifs et réglementaires jugés trop rigides et impropres à satisfaire le besoin d'adaptation des entreprises, méfiance de principe à l'égard de l'État, revendication du droit à l'expérimentation ou à l'autonomie, émergence de négociations dites “donnant, donnant”, incapacité de la puissance publique à réguler des pratiques d'entreprises... ». Cette appréciation pessimiste d'un inspecteur sur ses propres marges d'action renvoie, comme il l'indique lui-même, à un débat entre tenants du droit substantiel (qui fixe des obligations de fond) et du droit procédural (qui fournit plutôt des moyens de négociation). Dans le domaine des conditions de travail, on perçoit les limites de l'un et l'autre. La fixation de normes est nécessaire, mais délicate en dehors de contraintes bien formalisables comme les heures travaillées, la concentration de toxiques ou le niveau de bruit. La négociation, pour sa part, a l'avantage de pouvoir s'établir à proximité du terrain, mais elle implique des acteurs au pouvoir inégal, qui n'interviennent pas au même stade dans les décisions : parfois la concertation s'ouvre alors que sont déjà établis les niveaux d'effectifs et les options techniques, ce qui laisse peu de marge de manœuvre — et l'on trouve sans doute là une explication au bilan modeste des « groupes d'expression ».

Une législation qui n'est pourtant pas laxiste dans sa conception a donc du mal à instaurer des conditions de travail respectueuses de la santé et de la sécurité. L'Inspection du travail dresse un procès-verbal pour cent infractions constatées dans ce domaine, alors que le « taux de verbalisation » est de un sur dix pour des affaires de travail clandestin ou pour les fraudes à l'obtention des allocations chômage. Quand procédure il y a, la majorité des affaires sont classées sans suite par les magistrats.

Un exemple plus révélateur encore est celui de l'obligation générale de sécurité, reprise de dispositions communautaires depuis 1981. Rien dans son principe ne s'oppose à ce que les conséquences néfastes d'une intensification du travail amènent à solliciter le code du travail, voire le code pénal [Meyer, 2002]. Pourtant elle est peu appliquée, mal connue des acteurs sociaux, et à peu près ignorée par les magistrats en raison du très faible nombre d'actions en justice.

## La médecine du travail

Les médecins du travail sont dix fois plus nombreux que les inspecteurs. Ils ont à leurs côtés des infirmières et des secrétaires pour les aider dans leur tâche. Ils voient régulièrement en visite médicale tous les salariés des entreprises. Ils ont libre accès aux ateliers et aux bureaux pour étudier les conditions de travail et donner des conseils de prévention, et doivent consacrer à cette activité un tiers de leur temps. Ils ont le droit de disposer de toute information sur les sources potentielles d'atteinte à la santé dans les entreprises. Ils assistent aux réunions des CHS-CT là où ceux-ci sont constitués. Autant de moyens qui peuvent leur conférer un rôle important dans la régulation des conditions de travail. Pourtant, de l'avis de nombreux médecins [Association santé et médecine du travail, 1998], leur capacité d'intervention demeure limitée, et leur rôle actuel n'est pas exempt d'ambiguïtés [Buzzi *et al.*, 2006].

Une première difficulté tient à leur charge de travail. Dans les grandes entreprises dotées d'un service médical (« service autonome »), on pourra trouver des médecins qui ont en charge « seulement » 1 500 à 2 000 salariés. Les PME, en revanche, cotisent à un « service interentreprises », dont les coûts de fonctionnement sont surveillés de près. Le ratio nombre de salariés/nombre de médecins est souvent de l'ordre de 3 000, disséminés dans 200 à 300 entreprises. Les médecins du travail reçoivent chaque salarié pour une visite annuelle, qui dure une vingtaine de minutes. À cela s'ajoutent de nombreuses visites dans des situations particulières : embauche, reprise après absence, personnels spécialement exposés, etc. Ils ont aussi des tâches « administratives », comme la rédaction de rapports annuels destinés à l'Inspection du travail et au comité d'entreprise (ou, pour les PME, à une « commission de contrôle » dans laquelle les représentants des salariés sont majoritaires). La pyramide des âges des médecins du travail et la faiblesse des recrutements laissent augurer une baisse de leurs effectifs. Cette baisse pourrait aggraver les situations de surcharge.

Mais, de façon plus fondamentale, la médecine du travail est traversée par des contradictions qui minent son efficacité. Sa doctrine résulte en effet de la sédimentation de problématiques très différentes [Davezies, 2006].

Une première problématique s'est forgée lors des guerres mondiales. Il s'agissait de faire travailler efficacement des populations supposées mal adaptées au travail industriel, pour remplacer les hommes mobilisés. Dans cette perspective, l'objectif central était l'« orientation biologique de la main-d'œuvre » et son « utilisation physiologique ». De cette époque, la médecine du travail en France a hérité son dispositif, centré sur la détermination de l'aptitude : le travailleur est-il capable de tenir son poste sans risque excessif pour lui et pour ses collègues ? Cela donne à la pratique un caractère systématique et répétitif. Le décret de 2001 autorisant l'exposition à certains toxiques des travailleurs génétiquement protégés a pu être interprété comme l'écho lointain de cette conception de la médecine du travail [Buzzi *et al.*, 2006]. Toutefois, selon une directive européenne de 1989, la vérification de l'aptitude médicale devrait céder la place à une surveillance de la santé conçue comme un droit de chaque travailleur.

La médecine du travail comporte un deuxième aspect hérité, lui, de la Libération. Dans cette perspective, le médecin doit, selon le Code du travail, « éviter toute altération de la santé des travailleurs du fait de leur travail ». Il le fait en alimentant, à partir de ses connaissances et de ses constats, le débat social sur les conditions de travail au sein de l'entreprise. La mission est sur ce plan dans le droit fil de la directive européenne, qui prévoit aussi la consultation et la participation des travailleurs pour toutes les questions touchant à la sécurité et à la santé au travail. Elle se heurte cependant à des obstacles.

Tout d'abord, si les compétences médicales permettent de repérer, à un stade précoce, les atteintes à la santé par le travail et d'évaluer les risques à court et à long terme, la formation des médecins du travail ne les incite pas à instruire la question de la transformation des conditions de travail. Sur ce plan, les compétences relevant de l'ergonomie, de la psychologie, de l'hygiène industrielle, des sciences de l'ingénieur sont nécessaires. Le médecin se heurte à une seconde difficulté : le débat social auquel il doit contribuer est souvent absent au sein de l'entreprise. Ces deux problèmes sont liés. Les partenaires sociaux ne peuvent pas débattre réellement à partir du seul constat des atteintes à la santé. L'objet du débat, c'est la transformation du travail, et donc les mesures à prendre, avec différentes options envisageables. L'intervention de spécialistes relevant de plusieurs disciplines, amorcée par des réformes actuelles, serait donc nécessaire. Se pose alors le problème de garantir l'indépendance des intervenants non médicaux, et de conforter celle des médecins du travail.

### Les travailleurs, obstacles à l'amélioration des conditions de travail ?

Confrontés aux pénibilités et aux risques, les travailleurs éprouvent de la souffrance et de la peur, face auxquelles ils déploient des stratégies (inconscientes) de défense, individuelles et collectives [Cru, 1987 ; Dejours, 2000]. Ils en censurent l'expression. Les groupes concernés valorisent l'exhibition de l'endurance, de l'insensibilité à la douleur physique ou morale, au point d'adopter des conduites paradoxales de prise de risque, d'affrontement de la souffrance, et de soumettre les nouveaux venus à des sortes d'initiations. Les accidents graves sont alors attribués à l'incompétence des victimes, interprétation que les directions vont parfois renforcer [Desmond, 2006]. Les conduites défensives sont évidemment présentes là où le risque est visible, évident : dans le bâtiment par exemple. On les rencontre aussi en cas de difficulté permanente à contrôler un process, comme dans la chimie ou le nucléaire, ou face à des activités physiquement pénibles. Mais les attitudes de défense sont loin de ne concerner que les métiers ouvriers ou industriels. La peur de ne pas demeurer compétent est une composante du travail des chercheurs scientifiques, des médecins, des cadres de haut niveau. Avec le nouveau management, l'individualisation du travail, l'évaluation serrée, le travail intense, et des moyens de travail souvent insuffisants, la peur de ne pas être à la hauteur, de ne pas tenir les objectifs, peuvent susciter des attitudes d'hyperactivité, d'hypersociabilité apparente et de conformisme [Balazs et Faguer, 1996].

Ces défenses s'appuient sur des structures sociales et psychiques profondément enracinées. Selon Dejours, elles sont liées à la « virilité », c'est-à-dire aux dispositions caractéristiques de l'appartenance au groupe des hommes, pris ici en tant que groupe exerçant une domination sur les femmes : il en serait ainsi même dans des univers majoritairement féminins. La domination virile étaie la domination sociale exercée, par exemple par le cadre « qui n'a pas peur de prendre des responsabilités ». Elle permet de dénier ou de supporter la domination subie, par exemple par l'ouvrier qui, en affrontant le vide ou en portant de lourdes charges, prouve qu'il n'est ni une « gonzesse » ni un « branleur ».

Les conduites défensives sont nécessaires et efficaces. Sans elles la peur risquerait de se transformer en panique : le danger en serait considérablement augmenté. Pour pouvoir continuer à travailler, mieux vaut se dire qu'on est assez vigilant pour ne pas tomber, assez fort pour soulever de lourdes charges, assez résistant pour supporter l'exposition à un toxique. Mais ces défenses vont faire obstacle à l'amélioration des conditions de travail. Pour participer activement à cette amélioration, les travailleurs doivent reconnaître le risque et la pénibilité, donc exprimer la peur et la souffrance. Changer les conditions de travail exige donc de lever les censures défensives, ce qui suppose des modes d'intervention adaptés, d'autant plus qu'il serait catastrophique de diminuer les défenses sans modifier suffisamment les situations de travail.

## Les représentants des salariés

« Il serait malaisé de soutenir que le travail et son organisation ont été passés sous silence pendant une période de l'histoire syndicale, pour réapparaître soudainement » [Lamotte et Troussier, 1998]. On peut souscrire à cette volonté de nuancer le jugement. Mais l'interrogation sur la place, modeste depuis les années 1970, que le mouvement syndical a réservée en France (à la différence des pays d'Europe du Nord ou de l'Italie) aux questions des conditions de travail, émane souvent des responsables syndicaux eux-mêmes. D'où ce commentaire d'un secrétaire de la CGT à la clôture d'un séminaire sur la santé au travail : « Imaginons qu'on ait sonorisé cette discussion dans tout l'immeuble confédéral, les trois quarts des camarades auraient fait de grandes découvertes » [Alezard, 1995].

Françoise Piotet [1988] fait remarquer que l'accord interprofessionnel de 1975 sur les conditions de travail — accord que la CGT et la CFDT avaient négocié mais n'avaient pas signé — n'a déclenché qu'une dizaine d'accords d'entreprise, très normatifs et centrés sur la pénibilité physique. Cet insuccès, selon elle, a tenu pour partie aux termes de l'accord-cadre, vagues et généraux (ils présentaient cependant l'avantage de ne pas s'en tenir à une approche hygiéniste et normative). D'autre part, la reconnaissance légale de la section syndicale d'entreprise était récente et les négociations à ce niveau étaient balbutiantes. Mais surtout, « à l'exception peut-être de la CFTC, aucune organisation syndicale ne souhaite être partie prenante à un accord qui porte, au niveau de l'entreprise, sur l'organisation concrète du travail : celui-ci, en effet, même s'il s'agit de l'améliorer, est toujours le vecteur par lequel passe l'exploitation des salariés ».

D'autres explications, liées à celle-ci, portent sur la difficile conciliation entre les actions pour défendre l'emploi et celles qui visent à améliorer la qualité de vie au travail. Soit parce que « la menace de perte d'emploi, pour soi-même et les autres, conduit trop souvent les travailleurs à accepter ou même à prendre des risques excessifs pour leur santé, voire leur vie » [Wisner, 1997]. Soit, comme l'avait suggéré une secrétaire générale de la CFDT, Nicole Notat [1997, p. 57], parce que les syndicalistes qui se sont investis dans les luttes contre les restructurations et les licenciements « ont gagné de la hauteur, arrêté leurs choix en bons techniciens, en architectes de l'entreprise », mais que leur « vue d'ensemble n'intègre pas forcément le détail du quotidien ».

Dans l'entreprise, les risques d'atteinte à la santé sont souvent traités par des normes, des réglementations, des procédures. Cette approche constitue l'essentiel de la formation des délégués CHS-CT. Or ces outils formalisés ne couvrent qu'une partie restreinte des conditions de travail [Cru, 1995]. Ils s'appliquent indépendamment les uns des autres et ne tiennent pas compte des interactions entre divers aspects du travail. Exiger le respect d'une norme ou le port d'un matériel de protection va parfois s'avérer contradictoire avec une réalisation correcte de l'activité de travail. Par exemple le travail en hauteur sur un chantier du bâtiment exige en principe de s'assurer à l'aide d'un harnais. Mais cette mesure de sécurité est parfois difficilement compatible avec les gestes à réaliser (il faut trouver où s'assurer). Et elle ralentit le travail, surtout si celui-ci consiste en multiples interventions ponctuelles en des points différents du chantier. Le rappel de la norme est ici peu efficace si par ailleurs on n'améliore pas l'organisation du chantier pour diminuer la fréquence des cas où le port du harnais est pénalisant.

Il faudrait donc que les délégués disposent d'une vision suffisamment fine des activités de travail, ce qui ne va pas de soi. S'ils suivent une formation à l'analyse ergonomique, on voit évoluer leurs représentations du travail [Teiger et Laville, 1991] : ils restituent d'abord une vision globale, modelée par les services techniques de l'entreprise ; puis ils explorent l'activité, dans toute sa diversité ; et c'est seulement ensuite qu'ils peuvent définir des objectifs de transformation. Quels que soient les efforts des équipes de formateurs, on comprend qu'un tel parcours n'ait pu être réalisé par les dizaines de milliers de membres de CHS-CT ou délégués du personnel, dont le rôle est pourtant d'intervenir quotidiennement sur ces questions.

Cette évolution des représentations est d'autant plus délicate, mais d'autant plus nécessaire, qu'il s'agit aussi de faire face aux mécanismes de défense évoqués ci-avant. Les syndicalistes, pas plus que les spécialistes de la prévention, ne peuvent agir en heurtant de front ces défenses. Il leur faut appuyer leur intervention, non sur un renforcement de consignes ou de contrôles, mais « sur d'autres ressorts, ceux de la coopération, du débat à partir du travail lui-même, de la recherche de solutions concrètes dans des registres aussi divers que possible » [Cru et Volkoff, 1996]. Cela suppose que les délégués disposent de méthodes appropriées et puissent les mettre en œuvre de façon précoce (vis-à-vis des projets de changement), durable (pour enrichir leur connaissance du travail, favoriser la participation des salariés, et saisir toutes les occasions d'aménagement), et reconnue dans l'entreprise. La finesse avec laquelle les CHSCT traitent les problèmes dépend de l'existence de collectifs expérimentés et de rapports de force où les salariés sont, peu ou prou, en état de se faire entendre [Hatzfeld, 2006b]. La question posée est donc celle d'un espace social propice à une telle intervention. Théry [2006, p. 229] rappelle, en conclusion d'un ouvrage consacré à une recherche-action sur les conditions de travail animée par un réseau syndical, que « le travail est d'abord cela : un espace commun. C'est donc un enjeu majeur que [...] de faire résonner les voix de ceux qui le partagent ».

## Ni progrès naturel, ni régression fatale

Des débats sociaux médiatisés, sur le bilan des 35 heures, sur les liens entre pénibilité du travail et départ en retraite, sur le scandale de l'amiante, ont accru la visibilité des questions de conditions de travail, que la crise de l'emploi avait reléguées à l'arrière-plan depuis les années 1970. La légitimité des interventions dans ce champ repose sur deux idées simples : ces initiatives sont nécessaires et elles sont possibles.

Sur le premier point, les connaissances dont nous avons rendu compte, enquêtes statistiques et recherches sur le terrain ou en laboratoire, étayent l'importance des enjeux et l'impossibilité de se fier à un supposé progrès « naturel ». L'ampleur des problèmes de santé, de bien-être, d'efficience économique, de relations sociales, auxquels renvoie l'état des conditions de travail en un temps et un lieu donnés, est mieux perçue. Face à la croyance en une amélioration spontanée due aux technologies nouvelles, à l'essor des métiers du tertiaire, à la hausse des qualifications, les résultats de nombreuses études, précises et convergentes, montrent que ces mouvements n'ont pas seulement des conséquences fastes.

En ce qui concerne les marges d'action, la réflexion est moins aboutie. Par exemple, comment expliquer les disparités entre conditions de travail d'une entreprise à une autre, ou d'un pays à un autre (même à système politique comparable et niveau de développement équivalent), y compris dans un même métier ? En quoi les options économiques, les modalités de calcul des performances productives et des coûts sociaux, la distribution des pouvoirs dans les systèmes de production, les formes concrètes de prise de décision, les aspirations des diverses catégories de travailleurs pèsent-elles sur les actions menées, sur les moyens (ou le peu de moyens) qui leur sont consacrés ? En quoi déterminent-elles les effets concrets de ces actions, à court et long termes ?

Chacun admet le rôle important du droit et des moyens de le faire respecter. Mais des facteurs essentiels de la qualité de vie au travail — surtout ce qui relève de l'organisation et de l'intensité du travail — sont peu accessibles à la législation, aux négociations à haut niveau. La grande diversité des situations professionnelles appelle des actions « sur mesure ». Le problème est alors d'éviter que ces actions locales ne soient fragilisées, remises en cause par les changements fréquents des chaînes de commandement dans les entreprises, oubliées en peu de temps, voire détournées à d'autres fins.

Plus se diffusent les savoirs sur les conditions de travail, leurs déterminants et leurs conséquences, plus il importe d'avoir une vue d'ensemble des mécanismes qui favorisent ou entravent les initiatives d'amélioration. Ces mécanismes relèvent de niveaux très différents. Sans la multiplication des interventions ponctuelles, les politiques nationales ou internationales demeurent abstraites et inefficaces. Sans appui du côté des politiques publiques, les interventions à l'échelle des ateliers ou des services n'ont pas d'effet durable.

# Repères bibliographiques


ADLER P., GOLDOFTAS B., LEVINE D. [1997], « Ergonomics, employee involvement, and the Toyota production system : a case study of NUMMI's 1993 model introduction », *Industrial and Labor Relations Review*, nº 3-97.

ALEZARD G. [1995], « Conclusion du séminaire ISERES-CGT sur la santé au travail », *Analyses et Documents économiques*, nº 64.

ALONZO P. [1998], « Les rapports au travail et à l'emploi des caissières de la grande distribution. Des petites stratégies pour une grande vertu », *Travail et Emploi*, nº 76.

AMOSSÉ T., DELTEIL V. [2004], « L'identité professionnelle des cadres en question », *Travail et Emploi*, nº 101.

AMOSSÉ T., GOLLAC M. [2006], « Intensité du travail et trajectoire professionnelle : le travail intense est-il soutenable ? », colloque *Flexicurité en France*, université de Marne-la-Vallée, 7 décembre.

ANGELOFF T. [2000], *Le Temps partiel, un marché de dupes ?* Syros, Paris.

APPELBAUM E., BAILEY T., BERG P., KALLEBERG A. [2000], *Manufacturing Advantage : Why High Performance Work Systems Pay Off*, Cornell University Press, Ithaca.

APTEL M., CAIL F., AUBLET-CUVELIER A. [2005], *Les Troubles musculo-squelettiques du membre supérieur : guide pour les préventeurs*, INRS, Nancy.

AQUAIN V., BUÉ J., VINCK L. [1994], « L'évolution de l'organisation du travail : plus de contraintes mais aussi plus d'autonomie pour les salariés », *Premières Synthèses*, DARES.

ARDENTI R., VRAIN P., CARTRON D. [1998], « Relations interentreprises, profils des dirigeants et gestion de l'emploi dans les PMI », *Document de travail CEE*, nº 98/09.

ASKENAZY P. [1998], « The neo-stakhanovism », *Information and Communication Technologies, Employment and Earnings, International Conference*, Sophia-Antipolis, 22 et 23 juin.

ASKENAZY P. [1999], *Lean Production and Workplace Health*, CEPREMAP.

ASKENAZY P. [2000], *The Consequences of New Workplace Practices in the United States*, congrès « 22 young European promising economists », Econometric Society, Londres, janvier.

ASKENAZY P. [2002], *La Croissance moderne, organisations innovantes du travail*, Economica, Paris.

ASKENAZY P. [2004], *Les Désordres du travail*, Seuil, Paris.

ASKENAZY P. [2006], « Réduire le temps de travail, flexibilité et intensification », *in* ASKENAZY P., CARTRON D., CONINCK F. DE, GOLLAC M. (dir.), *Organisation et intensité du travail*, Octarès, Toulouse.

ASKENAZY P., BERRY J.-B., PRUNIER-POULMAIRE S. [2007], « Working hard for large French retailers », *in Low Wage France*, Russell Sage Foundation, New York.

ASKENAZY P., CAROLI E., MARCUS V. [2002], « New oraganizational practices and working conditions : evidence from France in the 1990's », *Louvain Economic Review*, vol. 68, n° 1-2.

ASKENAZY P., CARTRON D., CONINCK F. DE, GOLLAC M. (dir.) [2006], *Organisation et intensité du travail*, Octarès, Toulouse.

ASSOCATION SANTÉ ET MÉDECINE DU TRAVAIL [1998], *Des médecins du travail prennent la parole : un métier en débat*, Syros, Paris.

ASTRAND N.E., HANSON B.S., ISACSSON S.O. [1989], « Job demands, job decision latitude, job support, and social network factors as predictors of mortality in a Swedish pulp and paper company », *British Journal of Industrial Medicine*.

AUBERT N., GAULEJAC V. DE [1991], *Le Coût de l'excellence*, Seuil, Paris.

AUBRY M. [1991], « Changer le travail », communication au Conseil des ministres du 27 novembre, ministère du Travail, de l'Emploi et de la Formation professionnelle.

BALAZS G., FAGUER J.-P. [1979], « Jeunes à tout faire et petit patronat en déclin », *Actes de la recherche en sciences sociales*, n° 26-27.

BALAZS G., FAGUER J.-P. [1991], *Des entreprises sans paternalisme ? La gestion de la vie familiale par les entreprises méritocratiques*, Centre d'études de l'emploi, dossier n° 40.

BALAZS G., FAGUER J.-P. [1996], « Une nouvelle forme de management, l'évaluation », *Actes de la recherche en sciences sociales*, n° 114.

BARBERET J. [1890], *Le Travail en France : monographies professionnelles*, Berger-Levrault, Paris.

BARDOUILLET M.-C., GILLES M., JOLIVET A., MOLINIÉ A.-F., POMMIER J.-L. [2006], « Ce salarié devrait cesser de travailler : une approche de l'usure professionnelle des 50 ans et plus », *in* MOLINIÉ A.-F. et JOLIVET A. (dir.), « Santé et inaptitude en fin de carrière », *Retraite et Société*, n° 49.

BARISI G. [2000], « Formulation d'indicateurs de l'intensité du travail », rapport d'études de l'ISERES-CGT.

BARTHE B. [2000], « Travailler la nuit au sein d'un collectif : quels bénéfices ? », *in* BENCHEKROUN T.H., WEILL-FASSINA A. (dir.) *Le Travail collectif : perspectives actuelles en ergonomie*, Octarès, Toulouse.

BARTHE B., QUÉINNEC Y., VERDIER F. [2004], « L'analyse de l'activité de travail en postes de nuit : bilan de vingt-cinq ans de recherches et perspectives », *Le Travail humain*, n° 67 (1).

BARTOLI M. [2001], « Le travail mis sous tension », *Travail et Changement*, n° 263.

BAUDELOT C., GOLLAC M. [1993], « Salaires et conditions de travail », *Économie et Statistique*, n° 265, septembre.

BAUDELOT C., GOLLAC M. [1999], « Bonheur, travail et sociologie », communication au *séminaire SDS*, INSEE.

Baudelot C., Gollac M., Bessière C., Coutant I., Godechot O., Serre D., Viguier F. [2003], *Travailler pour être heureux ?* Fayard, Paris.

Baudelot C., Gollac M., Gurgand M. [1999], « Hommes et femmes au travail, des satisfactions comparables en dépit de situations inégales », *Premières Synthèses*, n° 35-2, DARES-ministère du Travail.

Beaud S., Pialoux M. [1999], *Retour sur la condition ouvrière*, Fayard, Paris.

Beaud S., Pialoux M. [2002], « Jeunes ouvrier(ère)s à l'usine », *Travail, genre et société*, n° 5.

Beaujolin R. [1999], *Les Vertiges de l'emploi*, Grasset, Paris.

Boisard P., Fermanian J.-D. [1999], « Les rythmes de travail hors normes », *Économie et Statistique*, n° 321-322.

Berg P., Kalleberg A. [2006], « L'effet des pratiques de travail de haute performance sur le stress professionnel : conclusions d'une enquête auprès de travailleurs américains », *in* Askenazy P., Cartron D., Coninck F. de, Gollac M. (dir.), *Organisation et intensité du travail*, Octarès, Toulouse.

Bernard S. [2005], « Le temps de l'activité de la caissière : entre logique productive et logique de service », *Sociologie du travail*, vol. 47, n° 2.

Bidet A., Borzeix A., Pillon T., Rot G., Vatin F. [2002], *Sociologie du travail et activité*, Octarès, Toulouse.

Bjerlöv M., Söderberg I., Docherty P. [2006], « Intensité, confiance et stratégies durables », *in* Askenazy P., Cartron D., Coninck F. de, Gollac M. (dir.), *Organisation et intensité du travail*, Octarès, Toulouse.

Blanchet D. [2002], « Le vieillissement de la population active : ampleur et incidence », *Économie et Statistique*, n° 355-356.

Boggis J.J. [2001], « The eradication of leisure », *New Technology, Employment and Work*, vol. 16, n° 2.

Boissonnat J. [1995], *Le Travail dans vingt ans*, Odile Jacob, Paris.

Boltanski L., Chiapello E. [1999], *Le Nouvel Esprit du capitalisme*, Gallimard, « NRF », Paris.

Boltanski L., Darré Y., Schiltz M.-A. [1984], « La dénonciation », *Actes de la recherche en sciences sociales*, n° 51.

Bonhomme S., Jolivet G. [2005], « The pervasive absence of compensating differentials », *Document de travail du CREST*, n° 28.

Bouffartigue P., Bouteiller J. [2002], « L'érosion de la norme du temps de travail », *Travail et Emploi*, n° 92.

Bouffartigue P., Gadéa C. [2000], *Sociologie des cadres*, La Découverte, Paris.

Boulin J.-Y., Lallement M., Lefevre G., Silvera R. [1998], « Temps de travail et modes de vie », *Futuribles*, n° 237.

Bourdieu P. [1993], « La démission de l'État », *in* Bourdieu P. (dir.), *La Misère du monde*, Seuil, Paris.

Bourdieu P. [1996], « La double vérité du travail », *Actes de la recherche en sciences sociales*, n° 114, septembre.

Bourgeois F., Lemarchand C., Hubault F. [2006], *Troubles musculo-squelettiques et travail : quand la santé interroge l'organisation du travail*, éditions ANACT, Lyon.

Bourget-Devouassoux J., Volkoff S. [1991], « Bilans de santé des carrières d'ouvriers », *Économie et Statistique*, n° 242.

Boussard V., Loriol M., Caroly S. [2006], « Catégorisation des usagers et rhétorique professionnelle : le cas des policiers sur la voie publique », *Sociologie du travail*, vol. 48, nº 2.

Brown C. [1980], « Equalizing differences in the labor market », *Quarterly Journal of Economics*, nº 1/96.

Brugère J., Thébaud-Mony A., Pézerat H., Cassou B. [1994], « Cancers professionnels : connaissance, réparation et prévention », *Bulletin du cancer*, nº 81.

Bué J., Cézard M., Hamon-Cholet S., Rougerie C., Vinck L. [1999], « De l'intensification du travail », *Santé et Travail*, nº 27.

Bué J., Coutrot Th., Hamon-Cholet S., Vinck L. [2007], « Conditions de travail : une pause dans l'intensification du travail », *Premières Synthèses*, nº 01.2.

Bué J., Roux-Rossi D. [2002], « Salarié(e)s à temps partiel et réduction du temps de travail : la question du choix », *Travail et Emploi*, nº 90.

Bunel M. [2004], « Modulation-annualisation dans le cadre des 35 heures : entreprises et salariés sous contrainte », *Travail et Emploi*, nº 98.

Burchell B., Fagan C. [2004], « Gender and the intensification of work : evidence from the European Working conditions surveys », *Eastern Economic Journal*, vol. 30, nº 4.

Burnod G., Cartron D., Pinto V. [2000], « Étudiants au fast-food. Les usages sociaux d'un petit boulot », *Travail et Emploi*, nº 82.

Buscatto M. [2001], « Les centres d'appel, usines modernes ? Les rationalisations paradoxales de la relation téléphonique », *Sociologie du travail*, vol. 44, nº 1.

Buzzi S., Devinck J.-C., Rosental P.A. [2006], *La Santé au travail. 1880-2006*, La Découverte, « Repères », Paris.

Caisse nationale d'assurance maladie des travailleurs salariés [2006], *Statistiques technologiques des accidents du travail et des maladies professionnelles, Remarques, année 2004*, Direction des risques professionnels.

Cambois E. [2004] « Occupational and educational mortality differentials : magnitude and trends over last decades », *Demographic Research*, special coll. (2).

Cañada-Vicinay J. [1997], « Les équations hédoniques de salaires et la perception subjective des conditions de travail », *Économie et Prévision*, nº 131.

Canguilhem G. [1984/1966], « Le normal et le pathologique », *La Connaissance de la vie*, Vrin, Paris.

Cantillon R. [1755], *Essai sur la nature du commerce en général*, INED, Paris, 1952.

Caroly S. [2002]. « Différences de gestion collective des situations critiques dans les activités de service selon deux types d'organisation du travail », *Pistes*, vol. 4, nº 1, www.pistes.uqam.ca/.

Cartier M. [2003], *Les Facteurs et leurs tournées : un service public au quotidien*, La Découverte, Paris.

Cartron D. [2000], « Excès de vitesse : les effets de l'intensification du travail sur les pénibilités et les risques », rapport pour la DARES, Centre d'études de l'emploi.

Cartron D. [2003], « Le sociologue pris en sandwich », *Travail et Emploi*, nº 94.

Cartron D., Gollac M., Hamon-Cholet S. [2007], « L'intensification du travail : phénomène durable ou effet d'apprentissage ? », Journées internationales de sociologie du travail, Londres.

Cassou B. [1997], « Ériger la santé au travail au rang des grandes préoccupations de santé publique », dans le dossier « La santé au travail : une affaire d'État », *Santé et Travail*, n° 21.

Cézard M., Dussert F., Gollac M. [1992], « Taylor va au marché : organisation du travail et informatique », *Travail et Emploi*, n° 54.

Cézard M., Dussert F., Gollac M. [1993], « Davantage de salariés ressentent les pénibilités et les risques du travail », *in* Dussert F., Vinck L., *Conditions, organisation du travail et nouvelles technologies en 1991*, DARES-Masson, Paris, p. 89-91.

Châteauraynaud F. [1991], *La Faute professionnelle : une sociologie des conflits de responsabilité*, Métailié, Paris.

Chatriot A., Join-Lambert O., Viet V. dir. [2006], *Les Politiques du travail (1906-2006) : acteurs, institutions, réseaux*, PUR, Rennes.

Chenu A. [1994], *Les Employés*, La Découverte, Paris ; nouv. éd. sous le titre *Sociologie des employés*, 2005.

Chesnais M. [1996], « Analyse d'accidents : intégrer la contrainte de temps à l'arbre des causes », *Santé et Travail*, n° 16.

Clot Y. [1998], « Le sujet au travail », *in* Kergoat J. *et al.*, *Le Monde du travail*, La Découverte, Paris.

Clot Y. [1999a], *Le Normal et le pathologique en psychologie du travail*, actes du colloque *Canguilhem : le normal et le pathologique*, *Revue de l'ENS Fontenay*.

Clot Y. [1999b], *La Fonction psychologique du travail*, PUF, Paris.

Clot Y. [1999c], « La santé à l'épreuve du travail », communication au colloque « Intensité du travail et santé », ISERES, Montreuil, juillet.

Clot Y. [2000], « Souffrance au travail, amputation du pouvoir d'agir, défenses et ripostes », *in* Brackelaire J.-L., Wallemacq A., Giot J., Kinable J., Legrand M., Périlleux T. (dir.), *Discours, organisation et souffrance au travail*, Presses universitaires de Namur, Namur.

Clot Y. [2001], « La santé à l'épreuve du travail », *in* ISERES, *Intensité du travail et santé : quelle recherche, quelles actions ?* L'Harmattan, Paris.

Cloutier E., David H., Prévost J., Teiger C. [1999], « Les compétences des auxiliaires familiales et sociales expérimentées dans la gestion des contraintes et des risques dans l'activité de travail », *Formation Emploi*, vol. 67.

Colloque [2001], *Travail, santé, vieillissement : relations et évolutions*, Octarès, Toulouse.

Coninck F. de [1995], *Travail intégré, société éclatée*, PUF, Paris.

Coninck F. de [2000], « Hétérogénéité du temps, hétérogénéité de l'intensification dans un atelier de conditionnement », communication au séminaire *Intensité du travail*, CEE-LATTS, Marne-la-Vallée.

Coninck F. de [2004], « Du post-taylorisme à l'effritement des organisations », *Travail et Emploi*, n° 100.

Coninck F. de [2005], « Crise de la rationalité industrielle et transformations de la prescription : une étude de cas », *Sociologie du travail*, vol. 47, n° 1.

Cottereau A. [1998], « Au xixe siècle, les ouvriers rythmaient leur travail », *Santé et Travail*, n° 25.

Coutarel F., Daniellou F., Dugué B. [2003], « Interroger l'organisation du travail au regard des marges de manœuvre en conception et fonctionnement. La rotation est-elle une solution aux TMS ?

Conception et organisation du travail dans les abattoirs en France », *Pistes*, vol. 5, n° 2.

Coutrot T. [1999], *Critique de l'organisation du travail*, La Découverte, « Repères », Paris ; nouv. éd. 2002.

Coutrot T. [2006], « Les conditions de travail des salariés après la réduction de leur temps de travail », *Premières Informations. Premières Synthèses*, DARES, n° 06.3.

Cristofari M.-F. [1999], « Les conditions de travail des femmes salariées », *in Les Conditions de travail en enquêtes*, Document d'études n° 29, DARES.

Cristofari M.-F. [2003], *Bilan des sources quantitatives dans le champ de la santé et de l'itinéraire professionnel*, rapport pour la DREES et la DARES, www.cee-recherche.fr/fr/rap_cristofari.htm.

Cru D. [1987], « Les règles du métier », *in* Dejours C. (dir.), *Plaisir et souffrance dans le travail*, Éditions de l'AOCIP, Paris.

Cru D. [1995], « La parole créatrice d'idées », *Travail et Sécurité*, n° 1-95.

Cru D. [2001], « Le mal-être au travail, comment intervenir ? », *Travail, genre et société*, n° 5.

Cru D., Dejours C. [1983], « Les savoir-faire de prudence dans les métiers du bâtiment », *Cahiers médico-sociaux*, n° 3.

Cru D., Volkoff S. [1996], « La difficile construction de la santé au travail », *Revue de l'IRES*, n° 20.

Daniel C., Sofer C. [1998], « Bargaining, compensating wage differentials, and dualism of the labor market : theory and evidence for France », *Journal of Labor Economics*, n° 16.

Daniellou F. (dir.) [1996], *L'Ergonomie en quête de ses principes*, Octarès, Toulouse.

Daniellou F. [1998a], « Une contribution nécessaire au recensement des « Repères pour affronter les TMS » », *in* Bourgeois F., *TMS et évolution des conditions de travail*, Anact, Lyon.

Daniellou F. [1998b], « Concevoir des systèmes de production », *in* Kergoat J. *et al.* (dir.), *Le Monde du travail*, La Découverte, Paris.

Daniellou F., Béguin P. [2004], « Méthodologie de l'action ergonomique : approches du travail réel », *in* Falzon P. (dir.), *Ergonomie*, PUF, Paris.

DARES [2005], *Le Travail à temps partiel*, note de synthèse, www.travail.gouv.fr/IMG/doc/letravailatempspartiel200605.doc.

Daubas-Letourneux V., [2005], *Connaissance des accidents du travail et parcours d'accidentés. Regard sociologique sur les angles morts d'une question de santé publique*, thèse de doctorat en sociologie, université de Nantes.

Daubas-Letourneux V., Thébaud-Mony A. [2001], « Les angles morts de la connaissance des accidents du travail », *Travail et Emploi*, n° 88.

Davezies P. [1993], « Éléments de psychodynamique du travail », *Éducation permanente*, n° 116.

Davezies P. [1994], « Vieillissement différentiel et sélection dans une grande entreprise de la métallurgie », *Revue française des affaires sociales*, n° 1.

Davezies P. [1998a], « De la récupération psychique », dans le dossier « Repos et récupération », *Santé et Travail*, n° 25.

Davezies P. [1998b], « La prise en charge de la santé au travail en France », *Actes du XXXIV^e^ Congrès de la Société d'ergonomie de langue française*.

Davezies P. [2006], « Tensions et orientations du système français de santé au travail », *Santé, société, solidarité*, n° 2.

Dejours C. [2000], *Travail : usure mentale, de la psychopathologie à la psychodynamique du travail*, Bayard, Paris.

Dejours C. [1995], « Comment formuler une problématique de la santé en ergonomie et en médecine du travail ? » *Le Travail humain*, n° 58-1.

Dejours C. [2000], « Travail, modernité et psychanalyse », *in* Boukobza C. (dir.), *Où en est la psychanalyse ? Psychanalyse et figures de la modernité*, Erès, Ramonville-Saint-Agne.

Delgoulet C., Millanvoye M., Volkoff S. [2005], « Les "capacités" des travailleurs vieillissants : une approche conditionnelle », *Futuribles*, n° 314.

Derriennic F., Monfort C., Cassou B., Touranchet A. [2001], « Douleurs lombaires : les principales tendances observées dans l'enquête Estev », *in* Cassou B., Buisset C., Brugère D. *et al.* (dir.), *Travail, santé, vieillissement : relations et évolutions*, Octarès, « Colloques », Toulouse.

Derriennic F., Ribet C., Volkoff S. [1999], « Troubles du sommeil chez les salariés vieillissants : les effets de l'âge et des horaires de travail », *Premières Synthèses*, n° 23-2, ministère de l'Emploi.

Derriennic F., Touranchet A., Volkoff S. (coord.) [1996], *Âge, travail, santé, études sur les salariés âgés de 37 à 52 ans*, Éditions de l'INSERM, Paris.

Desmond M. [2006], « Des morts incompétents », *Actes de la recherche en sciences sociales*, n° 165.

Desplanques G. [1985], *La Mortalité des adultes, résultats de deux études longitudinales (période 1955-1980)*, Collections de l'INSEE, Paris, n° D-102.

Desrosières A. [1992], « Séries longues et conventions d'équivalence », *Genèses*, n° 9.

Desrosières A., Gollac M. [1982], « Trajectoires ouvrières, systèmes d'emploi et comportements sociaux », *Économie et Statistique*, n° 147.

Dessors D., Schram J., Volkoff S. [1991], « Du "handicap de situation" à la sélection-exclusion. Une étude des conditions de travail antérieures aux licenciements économiques », *Travail et Emploi*, n° 48.

Dhondt S. [1998], *Time Constraints and Autonomy at Work in the European Union*, Fondation européenne pour l'amélioration des conditions de travail et de vie.

Docherty P., Forslin J., Shani R. [2002], *Creating Sustainable Work Systems*, Routledge, Londres.

Dodier N. [1993], *L'Expertise médicale. Essai de sociologie sur l'exercice du jugement*, Métailié, Paris.

Doeringer P., Piore M. [1971], *Internal Labor Markets and Manpower Analysis*, Heath Lexington Books, New York.

Doniol-Shaw G., Huez D., Sandret N. [1995], *Les Intermittents du nucléaire*, Octarès, Toulouse.

Dubet F. (dir.) [1997], Dossier « Grèves, automne 1995 », *Sociologie du travail*, n° 4/97.

Dubet F. [2005], « Propositions pour une syntaxe des sentiments de justice dans l'expérience de travail », *Revue française de sociologie*, n° 3.

Dubet F., Caillet V., Cortéséro R., Mélo D., Rault F. [2006], *Injustices :*

*l'expérience des inégalités au travail*, Seuil, Paris.

DUBOIS V. [1999], *La Vie au guichet : relation administrative et traitement de la misère*, Economica, Paris.

DUBOST, N. [1979], *Flins sans fins*, Maspero, Paris.

DUL J., WEERDMEESTER B. DE [1993], *Ergonomics for Beginners, A Quick Reference Guide*, Taylor et Francis, Londres.

DUNCAN, G., HOLMLUND B. [1983], « Was Adam Smith right after all ? Another test of the theory of compensating wage differentials », *Journal of Labor Economics*, n° 1.

ESTRADE M.-A., MÉDA D., ORAIN R. [2001], « Les effets de la réduction du temps de travail sur les modes de vie : qu'en pensent les salariés un an après ? », *Premières Informations. Premières Synthèses*, DARES, n° 21.1.

EYMARD-DUVERNAY F. [1987], « Les entreprises et leurs modèles », *in* EYMARD-DUVERNAY F. *et al.*, *Entreprises et produits*, Cahier du Centre d'études de l'emploi, n° 30, PUF, Paris.

FALLUEL J.-P., SAILLY M. [1995], « Vieillissement de la population et projets industriels : une méthode d'analyse », *in* MARQUIÉ J.-C., PAUMÈS D., VOLKOFF S. (dir.), *Le Travail au fil de l'âge*, Octarès, Toulouse.

FAVRE F., FRANÇOIS J.-P., GREENAN N. [1998], « Les changements organisationnels dans les entreprises industrielles : la montée des procédures », *Le 4 pages des statistiques industrielles*, n° 93, SESSI-ministère de l'Industrie.

FAYE H. [2007], *Les Savoir-faire de résilience : gestion des écarts à la norme en production industrielle*, thèse de doctorat, CNAM.

FLAMAND N. [2005], « Conflit de générations ou conflit d'organisation. Un train peut en cacher un autre », *Sociologie du travail*, vol. 47, n° 2, p. 223-244.

FLICHY P., ZARIFIAN P. (dir.) [2002], « Les centres d'appel », *Réseaux*, vol. 20, n° 114.

FLIGSTEIN N., SHIN T. [2004], « The shareholder value society : changes in working conditions and inequality in the U.S., 1975-2000 », *in* NECKERMAN K. (dir.), *Social Inequality*, Russell Sage Foundation, New York.

FLORÈS J.-L. [1994], « Régulations formelles et informelles des différences d'âge dans le travail », *Revue française des affaires sociales*, n° 1.

FLOTTÈS-LEROLLE A. [1997], « Temps de travail : l'horaire dépassé », dans le dossier « Réduction du temps de travail, des espoirs et des pièges », *Santé et Travail*, n° 22.

FORET J. [1978], « L'homme en activité et son sommeil », *Le Travail humain*, n° 41.

FRENCH M.T., DUNLAP J.L. [1998], « Compensating job differentials for job stress », *Applied Economics*, vol. 30, n° 8.

FRIDENSON P., REYNAUD B. (dir.) [2004], *La France et le temps de travail (1804-2004)*, Odile Jacob, Paris.

FRIEDMANN G., NAVILLE P. [1962], *Traité de sociologie du travail*, Armand Colin, Paris, rééd. 1970.

FRIGUL N. [1998], « Du travail au chômage : des processus de sélection par la santé et l'âge. Approche sociologique », *Actes du XXXIII<sup>e</sup> Congrès de la Société d'ergonomie de langue française*, Paris.

GADBOIS C. [1990], « L'exacte mesure des situations de travail posté : au-delà des similitudes formelles, des réalités différentes », *Le Travail humain*, vol. 53, nº 4.

Gadrey N. [2001], *Travail et genre, approches croisées*, L'Harmattan, Paris.

Gallioz S. [2006], « Force physique et féminisation des métiers du bâtiment », *Travail, genre et société*, nº 16.

Galtier B. [1999a], « Les temps partiels : entre emplois choisis et emplois faute de mieux », *Économie et Statistique*, nº 321-322.

Galtier B. [1999b], « Le temps partiel est-il une passerelle vers le temps plein ? », *Économie et Statistique*, nº 321-322.

Garner H., Méda D., Senik C. [2005], « Conciliation entre vie professionnelle et vie familiale : les leçons des enquêtes auprès de ménages », *Travail et Emploi*, nº 102.

Gaudart C. [1996], « Vieillir, mais "tenir" la cadence », *Gérontologie et Société*, nº 77.

Gaudart C. [2003], « La baisse de la polyvalence avec l'âge : question de vieillissement, d'expérience, de génération ? », *Pistes*, vol. 5, nº 2, www.pistes.uqam.ca.

Gaudart C. [2006], « Les âges au travail », *in* Théry L. (dir.), *Le Travail intenable*, La Découverte, Paris.

Gaudart C., Chassaing K., Volkoff S. [2006], « Intensité du travail et contradictions dans l'activité : quelques résultats d'études ergonomiques dans le montage automobile », *in* Askenazy P., Cartron D., Coninck F. de, Gollac M. (dir.), *Organisation et intensité du travail*, Octarès, Toulouse.

Gaudart C., Gollac M., Moatty F., Volkoff S. [2003], « Le travail aujourd'hui : regards d'ergonomes et de sociologues », *Travail et Emploi*, nº 94.

Gaudart C., Laville A., Molinié A.-F., Volkoff S. [1995], « Âge des opérateurs et travail répétitif, une approche démographique et ergonomique, » *Relations industrielles*, vol. 50, nº 4.

Gaudart, C., Weill-Fassina A. [1999]. « L'évolution des compétences au cours de la vie professionnelle : une approche ergonomique », *Formation Emploi*, nº 67.

Gauléjac V. de [2005], *La Société malade de la gestion : idéologie gestionnaire, pouvoir managérial et harcèlement social*, Seuil, Paris.

Gaullier X. [1994], « Emploi, politiques sociales et gestion des âges », *Revue française des affaires sociales*, nº 1.

Gaye M., Le Corre [1999], « Les incitations financières en faveur du travail à temps partiel en 1998 », *Premières Synthèses*, DARES, 99-10, nº 43-2.

Gegax D., Gerking S., Schulze W. [1991], « Perceived risk and the marginal value of safety », *The Review of Economics and Statistics*, nº 4-LXXIII.

Girault N. [1992], « Burn out and coping : new perspectives », *in* Winnbust J.A.M., Maes S. (dir.), *Lifestyles, Stress and Health*, DSWO Press, Leiden.

Godechot O., Gurgand M. [2000], « Quand les salariés jugent leur salaire », *Économie et Statistique*, nº 331.

Goldberg M. [1995], *L'Épidémiologie sans peine*, Frison-Roche, Paris.

Gollac M. [1989], « Les dimensions de l'organisation du travail : communications, autorité, pouvoir hiérarchique », *Économie et Statistique*, nº 224.

Gollac M. [1995], *Donner un sens aux données : l'exemple des enquêtes statistiques sur les conditions de travail*, Dossier du CEE n° 3, CEE, Noisy-le-Grand.

Gollac M. [1997], « Des chiffres insensés ? Pourquoi et comment on donne un sens aux données », *Revue française de sociologie*, n° XXXVIII-1.

Gollac M. [1998], « Différences ou divisions ? La diversité des métiers ouvriers », *in* Kergoat J., Boutet J., Jacot H. et Linhart D. (dir.), *Le Monde du travail*, La Découverte, Paris.

Gollac M. [2005], « L'intensification du travail : formes et effets », *Revue économique*, n° 2.

Gollac M., Greenan N., Hamon-Cholet S. [2001], « L'informatisation de l'"ancienne" économie : nouvelles machines, nouvelles organisations et nouveaux travailleurs », *Économie et Statistique*, n° 339-340.

Gollac M., Mangematin V., Moatty F., Saint-Laurent A.-F. de [1998], « Informatisation : l'entrée du marché dans l'organisation. Revue d'études de cas », *Revue française de gestion*, mars-mai.

Gollac M., Volkoff S. [1996], « Citius, altius, fortius, l'intensification du travail », *Actes de la recherche en sciences sociales*, n° 114.

Gollac M., Volkoff S. [2001], « Intensité et fragilité », *in* Jeannot G., Veltz P. (dir.), *Le Travail entre l'entreprise et la cité*, Éditions de l'Aube, La Tour-d'Aigues.

Gollac M., Volkoff S. [2002], « La mise au travail des stéréotypes de genre : les conditions de travail des ouvrières », *Travail, genre et sociétés*, n° 8.

Gollac M., Volkoff S. [2006], « La santé au travail et ses masques », *Actes de la recherche en sciences sociales*, n° 163.

Gorgeu A., Mathieu R. [1996], « Les ambiguïtés de la proximité », *Actes de la recherche en sciences sociales*, n° 114.

Green F. [2004], « Why has work effort become more intense ? » *Industrial Relations*, vol. 43, p. 709-741.

Green F. [2006], *Demanding Work. The Paradox of Job Quality in the Affluent. Economy*, Princeton University Press, Princeton.

Green F., McIntosh S. [2001], « The intensification of work in Europe », *Labour Economics*.

Greenan N., Hamon-Cholet S. [2000], « Les salariés industriels face aux changements organisationnels en 1997 », *Premières Synthèses*, n° 09-3, DARES-ministère du Travail.

Greenan N., Mairesse J. (dir.) [2006], « Réorganisations, changement du travail et renouvellement des compétences », *Revue économique*, vol. 57, n° 6.

Grossin W. [1980], « L'influence à long terme des séquences de travail répétitives sur la personnalité des ouvriers », *Travail et Emploi*, n° 5.

Guérin F. [1998], « L'activité de travail », *in* Kergoat J. *et al.* (dir.), *Le Monde du travail*, La Découverte, Paris.

Guérin F., Laville A., Daniellou F., Duraffourg J., Kerguelen A. [1997], *Comprendre le travail pour le transformer*, éditions ANACT, Lyon.

Guignon N., Sandret N. [2006], « Les expositions aux agents biologiques dans le milieu de travail en 2003 », *Premières Informations. Premières Synthèses*, DARES, n° 26.1.

Guiho-Bailly M.-P., [1998], « Des histoires du travail à l'histoire singulière : apports de la clinique psychiatrique », *in Temps et travail.*

*Actes du XXXIII^e Congrès de la Société d'ergonomie de langue française*, Paris.

Guilbert M. [1966], *Les Fonctions des femmes dans l'industrie*, Mouton, Paris.

Guillemard A.-M. [1993], « Travailleurs vieillissants et marché du travail en Europe », *Travail et Emploi*, n° 57.

Halford S. [2007], « Changement organisationnel et stratégies identitaires : le cas de cinq infirmièr-e-s britanniques », *Travail, genre et société*, n° 17.

Hamelin P. [1993], « Chauffeurs routiers, les poids lourds du temps de travail », *Santé et Travail*, n° 5.

Hamermesh D., Wolfe J. [1990], « Compensating wage differentials and the duration of wage loss », *Journal of Labor Economics*, vol. 8, n° 1.

Hamon-Cholet S. [1998], « Les conditions de travail des non-salariés sont proches de celles des salariés », *Économie et Statistique*, n° 319-320.

Hamon-Cholet S. [2001], « Accidents et accidentés du travail : un nouvel outil statistique », *Travail et Emploi*, n° 88.

Hatzfeld N. [2006a], « Ergonomie, productivité et usure au travail », *Actes de la recherche en sciences sociales*, n° 165.

Hatzfeld N. [2006b], « Entre fonction technique et démocratie participative : les débuts discrets des CHS », *in* Chatriot A., Join-Lambert O., Viet V. (dir.), *Les Politiques du travail (1906-2006) : acteurs, institutions, réseaux*, PUR, Rennes.

Héas F. [2005], « La définition juridique de la pénibilité du travail », *Travail et Emploi*, n° 104.

Henry E. [2003], « Intéresser les tribunaux à sa cause. Contournement de la difficile judiciarisation du problème de l'amiante », *Sociétés contemporaines*, n° 52.

Henry E. [2004], « Quand l'action publique devient nécessaire : qu'a signifié "résoudre" la crise de l'amiante » ? *Revue française de science politique*, n° 54, 2.

Héran-Leroy O., Sandret N. [1996], « Expositions aux contraintes et nuisances dans le travail », *Premières Synthèses*, n° 10-42, DARES-ministère de l'Emploi et de la Solidarité.

Héran-Leroy O., Sandret N. [1997a], « Les contraintes articulaires pendant le travail », *Premières Synthèses*, n° 24.4, DARES-ministère du Travail.

Héran-Leroy O., Sandret N. [1997b], « Le bruit dans le travail », *Premières Synthèses*, n° 09.1, DARES-ministère du Travail.

Herbert C., Launoy G. [2000], « Les cancers », *in* Leclerc A., Fassin D., Grandjean H., Kaminski M., Lang T., *Les Inégalités sociales de santé*, Inserm/La Découverte, « Recherches », Paris.

Hirigoyen M.-F. [1998], *Le Harcèlement moral. La violence perverse au quotidien*, Syros, Paris.

Hodebourg J. [1997], *Le Travail, c'est la santé ? Perspectives d'un syndicaliste*, VO éditions, Paris.

Holmes S. [2006], « Parce qu'ils sont plus près du sol », *Actes de la recherche en sciences sociales*, n° 165.

Hwang H.S., Mortensen D., Reed W.C. [1998], « Hedonic wages and labor market search », *Journal of Labor Economics*, vol. 16, p. 815-847.

Imbernon E. [2003], *Estimation du nombre de cas de certains cancers attribuables à des facteurs professionnels en France*, rapport de l'Institut de veille sanitaire, www.invs.sante.fr/publications/2003/cancers_pro/rapport_cancer_pro.pdf.

Iribarne P. d'[1986], *La Logique de l'honneur : gestion des entreprises et traditions nationales*, Seuil, Paris.

ISERES [2000], *Actes du colloque Intensité du travail et santé, 1er et 2 juillet 1999*.

Jeantet A. [2003], « À votre service ! La relation de service comme rapport social », *Sociologie du travail*, vol. 45, n° 2.

Jolivet A., Volkoff S. [2006], « Les PME et la gestion des âges. Une enquête en Picardie », *Connaissance de l'emploi*, Centre d'études de l'emploi, n° 30.

Joseph I. [1992], « Le temps partagé. Le travail du machiniste-receveur », *Sociologie du travail*, n° 1.

Jounin N., [2006], « La sécurité au travail accaparée par les directions », *Actes de la recherche en sciences sociales*, n° 165.

Julhe S. [2006], « Les employés de la grande distribution : entre le chef et le client », *Travail et Emploi*, n° 105.

Kalleberg A., Berg P. [2006], « Confiance et lieux de travail de haute performance », *in* Askenazy P., Cartron D., Coninck F. de, Gollac M. (dir.), *Organisation et intensité du travail*, Octarès, Toulouse.

Kalleberg A., Sørensen A. [1979], « The sociology of labor markets », *Annual Review of Sociology*, n° 5, p. 351-379.

Karasek R., Theorell T. [1990], *Healthy Work : Stress, Productivity, and the Reconstruction of the Working Life*, Basic Books, New York.

Kergoat D. (dir.) [1992], *Les Infirmières et leur coordination 1988-1989*, Lamarre, Rueil-Malmaison.

Kergoat J., Boutet J., Jacot H., Linhart D. [1998], *Le Monde du travail*, La Découverte, Paris.

Kramarz F. [1986], « Conditions de travail et gestion de la main-d'œuvre ouvrière », *Économie et Statistique*, n° 186.

Kramarz F. [1987], « Les conditions de travail des ouvriers », *Données sociales*, INSEE.

Kunst A., Groenhof F., Mackenbach J. [2000], « Inégalités sociales de mortalité prématurée : la France comparée aux autres pays européens », *in* Leclerc A., Fassin D., Grandjean H., Kaminski M., Lang T., *Les Inégalités sociales de santé*, Inserm/La Découverte, « Recherches », Paris.

Kuzmanovic D. [1999], « Jeunes diplômés et travail précaire », mémoire de DEA, EHESS-ENS.

Lallement M. [2003], *Temps, travail et modes de vie*, PUF, Paris.

Lallement M. [2007], *Le Travail*, PUF, Paris.

Lamont M. [2002], *La Dignité des travailleurs*, Presses de Sciences-Po, Paris.

Lamotte B., Troussier J.-F. [1998], « De l'analyse du travail à l'action revendicative », *Revue de la CFDT*, n° 15 (numéro consacré à l'enquête « Le travail en questions »).

Lang K., Majumdar S. [2004], « The pricing of job characteristics when markets do not clear : theory and policy implications », *International Economic Review*, vol. 45, p. 1111-1128.

Langa M.-B. [1994], « Adaptation ou création de l'organisation du travail lors d'un transfert de technologie. Analyse de l'activité de l'encadrement et conception de l'organisation », thèse de doctorat d'ergonomie, CNAM, Paris.

Laufer J., Marry C., Maruani M. [2003], *Le Travail du genre : les sciences sociales du travail à l'épreuve des différences de sexe*, La Découverte, Paris.

LAVILLE A. [1989], « Vieillissement et travail », *Le Travail humain*, n° 52.

LAVILLE A. [1995], « Santé, travail et ergonomie : quelques réflexions à propos d'un article de C. Dejours », *Le Travail humain* 58-4.

LAVILLE A. [1998], *L'Ergonomie*, PUF, Paris, 6e édition corrigée.

LAVILLE A., TEIGER C., DURAFFOURG J., RAQUILLET M., [1973] « Charge de travail et vieillissement », *Rapport du laboratoire d'ergonomie du CNAM*, n° 40.

LAZARSFELD P., JAHODA M., ZEISEL H. [1981], *Les Chômeurs de Marienthal*, Minuit, Paris, rééd.

LEBAS M. [1999], « Renouveler les regards et les pratiques des gestionnaires », *in* « Les processus d'exclusion dans l'entreprise », *Cahiers de l'ANACT*, n° 13.

LECLERC A., FRANCHI P., CRISTOFARI M.-F., DELEMOTTE B., MEREAU P., TEYSSIER-COTTE C., TOURANCHET A. [1998], « Carpal tunnel syndrome and work organisation in repetitive work : a cross-sectional study in France », *Journal of Occupational and Environmental Medicine*.

LEFEBVRE B. [1996], « Espaces professionnels et flux tendus », *Actes de la recherche en sciences sociales*, n° 114.

LE GUILLANT L., BEGOIN J., [1957], « Quelques remarques à propos de la névrose des téléphonistes », *Les Conditions de vie et de santé*, n° 2 (republié *in* LE GUILLANT L., *Quelle psychiatrie pour notre temps ?* ERES, Toulouse, 1985).

LEIGH J.P. [1991], « No evidence of compensating wages for occupational fatalities », *Industrial Relations*, n° 3-30.

LENOIR R. [1980], « La notion d'accident du travail : un enjeu de luttes », *Actes de la recherche en sciences sociales*, n° 32-33.

LETOURNEUX V. [1998], *Précarité et conditions de travail dans l'Union européenne*, Fondation européenne, Loughlingstown-Dublin.

LICHTENBERGER, Y. [1999], « Compétence, organisation du travail et confrontation sociale », *Formation Emploi*, n° 67.

LIDVAN P., GIRAULT-LIDVAN N. [1999], « Le coût du travail : nouvelles perspectives en psychologie de la santé », *La Lettre du CEE*, n° 58.

LINHART D. [1994], *La Modernisation des entreprises*, La Découverte, « Repères », Paris ; nouv. éd. 2004.

LINHART D., MOUTET A. (dir.) [2005], *Le Travail nous est compté : la construction des normes temporelles du travail*, La Découverte, Paris.

LINHART R. [1978], *L'Établi*, Minuit, Paris.

LIVIAN Y.-F. [2004], « Le changement des règles dans les relations marchandes : violence discrète au travail », *Travail et Emploi*, n° 97.

LORENZ E., VALEYRE A. [2005], « Les formes d'organisation du travail dans les pays de l'Union européenne », *Travail et Emploi*, n° 102.

LORENZ E., VALEYRE A. [2005], « Organisational innovation, HRM and labour market structure : a comparison of the EU-15 », *Journal of Industrial Relations*, décembre.

LORIOL M. [2000], *Le Temps de la fatigue. La gestion sociale du mal-être au travail*, Anthropos, Paris.

LORIOL M. [2001], « Accidents et organisation du travail : les enjeux de l'arrêt de travail », *Travail et Emploi*, n° 88.

LORIOL M. [2003], « La construction sociale de la fatigue au travail : l'exemple du *burn out* des infirmières », *Travail et Emploi*, n° 94.

Mac Nabb R. [1989], « Compensating wage differentials : some evidence from Britain », *Oxford Economic Papers*, vol. 41, p. 327-338.

Magaud J., Sugita K. [1991], *France-Japon, un produit, deux façons de faire*, Dossier de recherche n° 43, Centre d'études de l'emploi, Noisy-le-Grand.

Magaud-Camus I., Floury M.C., Vinck L., Waltisperger D. [2005], « Le bruit au travail en 2003 : une nuisance qui touche trois salariés sur dix », *Premières Informations. Premières Synthèses*, DARES, n° 25.3.

Malo F.-B., Sire B. [2006], « L'intensification du travail dans les services publics : le cas du centre hospitalier universitaire de Québec », *in* Askenazy P., Cartron D., Coninck F. de, Gollac M. (dir.), *Organisation et intensité du travail*, Octarès, Toulouse.

Mamarbachi A. [2007], « Se soumettre ou se démettre : le consentement au travail dans un centre de tri », *Sociétés contemporaines*, n° 65.

Marcelin J., Millanvoye M. [1983], « Vieillissement et travail en hauteur », *Travail et Emploi*, n° 15.

Marchand O., Thélot C. [1991], *Deux Siècles de travail en France*, INSEE, Paris.

Marquié J.-C. [1995], « Changements cognitifs, contraintes de travail, et expérience : les marges de manœuvre du travailleur vieillissant », *in* Marquié J.-C., Paumès D., Volkoff S., *Le Travail au fil de l'âge*, Octarès, Toulouse.

Martin-Houssart G., Roth N. [2002], « Activité et emploi après 50 ans », *Retraite et Société*, n° 36.

Maruani M. [2003], *Travail et emploi des femmes*, La Découverte, « Repères », Paris (1re éd. 2000 ; 3e éd. 2006).

Maruani M., Nicole C. [1989], *Au labeur des dames : métiers masculins, emplois féminins*, Syros, Paris.

Maruani M., Reynaud E. [2001], *Sociologie de l'emploi*, La Découverte, « Repères », Paris ; (4e éd. 2004).

Maurice M., Sellier F., Silvestre J.-J. [1982], *Politique d'éducation et organisation industrielle en France et en Allemagne*, PUF, Paris.

Meckassoua K. [1985], « Étude comparée des activités de régulation dans le cadre d'un transfert de technologie (brasserie) », thèse de doctorat d'ergonomie, CNAM, Paris.

Méda D., Orain R. [2002], « Transformations du travail et du hors-travail : le jugement des salariés sur la réduction du temps de travail », *Travail et Emploi*, n° 90.

Melchior M. *et al.* [2007], « Work stress precipitates depression and anxiety in young working women and men », *Psychological Medecine*, vol. 37, n° 8.

Merllié D., Paoli P. [2001], *Ten Years of Working Conditions in the European Union*, European Foundation for the Improvement of Working and Living Conditions, Dublin.

Messing K., Randoin M., Tissot F., Rail G., Fortin J. [2004], « Une souffrance inutile : la posture debout statique dans les emplois de service », *Travail, genre et société*, n° 12.

Meyer F. [2002], « Pour une utilisation dynamique du droit », *Travail et Santé*, n° 39.

Mill J.S. [1848], *Principles of Political Economy*.

Millanvoye M., Colombel J. [1996], « Âge et activité des opérateurs dans une entreprise de construction aéronautique », *Actes du*

*XXXI*e *Congrès de la Société d'ergonomie de langue française*, Bruxelles.

Ministère de l'Emploi, du Travail et de la Cohésion sociale, *Plan Santé au travail, 2005-2009*, www.travail.gouv.fr/IMG/pdf/PST.pdf.

Ministère de l'Emploi et de la Solidarité [1999], *Le Travail en France*, Liaisons, Paris.

Minni C., Topiol A. [2002], « Peu d'initiatives en faveur des seniors dans les entreprises », *Retraite et Société*, nº 36.

Miozzo M., Ramirez M. [2003], « Services innovation and the transformation of work », *New Technology, Work and Employment*, vol. 18, nº 1.

Molinié A.-F. [1993a], « Des secteurs et des âges », *Population*, nº 6.

Molinié A.-F. [1993b], « Évolution des contraintes de travail et sélection sur l'âge », *Performances humaines et techniques*, nº 62.

Molinié A.-F. [1995], « Le "vieillissement" de la population active », *in* Marquié J.-C. *et al.* (dir.), *Le Travail au fil de l'âge*, Octarès, Toulouse.

Molinié A.-F. [2006], « Les salariés quinquagénaires, entre fragilisation et protection », *Retraite et Société*, nº 49.

Molinié A.-F., Volkoff S. [1980], « Les conditions de travail des ouvriers… et des ouvrières », *Économie et Statistique*, nº 118.

Molinié A.-F., Volkoff S., [2000], « Intensité du travail et santé dans un organisme administratif », *Pistes*, nº 2.

Molinié A.-F., Volkoff S. [2002], *La Démographie du travail pour anticiper le vieillissement*, éditions ANACT, Lyon.

Molinié A.-F., Volkoff S., Gaudart C. [1996], « Occuper plusieurs postes de travail devient plus rare avec l'âge : approches quantitatives et éléments d'interprétation », *Actes du XXXI*e *Congrès de la Société d'ergonomie de langue française*, Bruxelles.

Molinier P., Flottès A. [1999], « Primauté de l'argent, dévalorisation du travail : un sentiment d'incompétence anxiogène », *Travailler*, nº 2.

Monjardet D. [1994], « La culture professionnelle des policiers », *Revue française de sociologie*, nº 3.

Montmollin M. de [1986], *L'Ergonomie*, La Découverte, « Repères », Paris ; 4e éd., 2006, en coll. avec F. Darses.

Montmollin M. de [1997], *Vocabulaire de l'ergonomie*, Octarès, Toulouse.

Niedhammer I., Chastang J.-F., Lévy D., David S., Degionni S. [2007], « Exposition aux facteurs psychosociaux au travail au travail du modèle de Karasek en France : étude méthodologique à l'aide de l'enquête nationale SUMER », *Travailler*, nº 17.

Niedhammer I., David S., Bugel I., Chea M. [2000], « Catégorie socioprofessionnelle et exposition aux facteurs psychosociaux au travail dans une cohorte professionnelle », *Travailler*, nº 5.

Niedhammer I., Siegrist J. [1998], « Facteurs psychosociaux au travail et maladies cardio-vasculaires : l'apport du modèle du déséquilibre efforts/récompenses », *Revue d'épidémiologie et de santé publique*, vol. 46, nº 5.

Notat N. [1997], *Je voudrais vous dire*, Seuil/Calmman-Lévy, Paris.

Paoli P. [1996], *Second European Survey on Working Conditions*, European Foundation, Loughlingstown-Dublin.

Pardi T. [2005], « Crise, effets de trajectoires et dynamiques sociales dans l'évolution de Toyota Motor

Manufacturing UK », *Sociologie du travail*, vol. 47, n° 2.

Parent-Thirion A., Fernández-Macias E., Hurley J., Vermeylen G. [2007], *Fourth European Working Conditions Survey*, European Foundation for the Improvement of Working and Living Conditions, Dublin.

Paugam S. [2000], *Le Salarié de la précarité. Les nouvelles formes de l'intégration professionnelle*, PUF, Paris.

Pelisse J. [2000], « Le temps des négociations : douze accords de réduction du temps de travail », *Travail et Emploi*, n° 82.

Pelisse J. [2002], « À la recherche du temps gagné. Les 35 heures, entre perceptions, régulations et intégrations professionnelles », *Travail et Emploi*, n° 90.

Pelisse J., Bloch-London C. [2003], « La réduction du temps de travail, des politiques aux pratiques », *Problèmes économiques et sociaux*, n° 889.

Périlleux T. [1998], « L'autonomie est-elle encore un idéal d'émancipation dans le travail ? », *Travailler*, n° 1.

Pialoux M. [1995], « L'ouvrière et le chef d'équipe, ou comment parler du travail », *Travail et Emploi*, n° 62.

Pialoux M., Beaud S. [1993], « Permanents et temporaires », *in* Bourdieu P. (dir.), *La Misère du monde*, Seuil, Paris.

Piotet F. [1988], « L'amélioration des conditions de travail entre échec et institutionnalisation », *Revue française de sociologie*, n° XXIX.

Pommier J.-L., Bardot F., Bardouillet M.-C., Boitel L., Buisset C., Castel M.-J., Jabot F., Juillard G., Molinié A.-F., Presseq P., Volkoff S. [2006], « Enquête SVP50 : une enquête sur les enjeux de santé au travail des salariés de plus de 50 ans », *Archives des maladies professionnelles et de l'environnement*, vol. 67.

Prouteau L., Wolff F.C. [2005], « Temps de travail et participation associative », *Travail et Emploi*, n° 101.

Prunier S., Poete V. [1995], « Supercaissières pour hypermarchés », *Santé et Travail*, n° 10-11.

Prunier-Poulmaire S. [2000], « Flexibilité assistée par ordinateur : les caissières d'hypermarché », *Actes de la recherche en sciences sociales*, n° 134.

Puech I. [2004], « Le temps du remue-ménage. Conditions d'emploi et de travail des femmes de chambre », *Sociologie du travail*, vol. 46, n° 2.

Pueyo V. [2000], « La traque des dérives : expérience et maîtrise du temps dans une tâche d'autocontrôle », *Travail et Emploi*.

Pueyo V., Laville A. (1996], « Âge, expérience et organisation du travail dans un laminoir à froid », *Actes du XXXI^e Congrès de la Société d'ergonomie de langue française*, Bruxelles.

Quéinnec Y. [1993], « Les rythmes dans la peau », *Santé et Travail*, n° 5.

Quéinnec Y., Gadbois C., Preteur V. [1995], « Souffrir de ses horaires de travail : poids de l'âge et histoires de vie », *in* Marquié J.-C., Paumès D. et Volkoff S. (dir.), *Le Travail au fil de l'âge*, Octarès, Toulouse.

Queinnec Y., Teiger C., Terssac G. de [1992], *Repères pour négocier le travail posté*, Octarès, Toulouse.

Ramsay H., Scholarios D., Harley B. [2000], « Employees and high performance work systems : testing inside the black box », *British Journal of Industrial Relations*, n° 4.

Raveyre M., Ughetto P. [2006], « « On est toujours dans l'urgence » : surcroît ou défaut d'organisation dans le sentiment d'intensification du travail ? », *in* ASKENAZY P., CARTRON D., CONINCK F. DE, GOLLAC M. (dir.), *Organisation et intensité du travail*, Octarès, Toulouse.

*Revue de la CFDT* [1998], « Le travail en questions », n° 15.

ROQUELAURE Y., HA C., TOURANCHET A., IMBERNON E., LECLERC A., APTEL M., AUBLET-CUVELIER A., GOLDBERG M. [2003], « Surveillance épidémiologique des troubles musculo-squelettiques dans les Pays de Loire », *Archives des maladies professionnelles*, n° 64, 6.

ROSEN S. [1986], « The theory of equalizing differences », *in* ASHENFELTER O., LAYARD R. (dir.), *Handbook of Labor Economics*, vol. I, North Holland, New York.

ROT G. [2002], « Fluidité industrielle, fragilité organisationnelle », *Revue française de sociologie*, vol. 43, n° 4.

SALTSA (collectif) [1999], *Sustainable Work Systems. The Need for a European Approach*, SALTSA/SWS Research Group, Stockholm.

SANDRET N. [1999], « Enquêtes en santé au travail : c'est toujours précieux d'y voir plus clair », *Santé et Travail*, n° 27.

SATTINGER M. [1977], « Compensating wages differences », *Journal of Economic Theory*, vol. 16.

SAUREL-CUBIZOLLES M.-J., DERRIENNIC F., MONFORT C., KAMINSKI M., TOURANCHET A. [1997], « Travail répétitif sous contrainte de temps et douleurs périarticulaires des membres supérieurs des ouvriers de l'industrie », *Archives des maladies professionnelle*, n° 58-6.

SAUREL-CUBIZOLLES M.-J., BARDOT F., BERNERON B., FROMET M., LASFARGUES G., MINOIS M.-C., MONFORT C., ROBIDA C., RONDEAU DU NOYER C., DERRIENNIC F. [2001], « État de santé perçu et perte d'emploi », communication au colloque *Travail, santé, vieillissement : relations et évolutions*, 18-19 novembre 1999, Octarès, Toulouse.

SAVEREUX S., HUBAULT F., LEBAS M., ROCHE P., VOLKOFF S. [1999], « Les processus d'exclusion dans l'entreprise », *Cahiers de l'ANACT*, n° 13.

SCHEPERS F. [2005], « L'erreur est humaine mais non professionnelle : le bûcheron et l'accident », *Sociologie du travail*, vol. 47, n° 1.

SCHNAPPER D. [1981], *L'Épreuve du chômage*, Gallimard, Paris.

SENNETT R. [2002], *Le Travail sans qualités : les conséquences humaines de la flexibilité du travail*, Albin Michel, Paris.

SIEGRIST J. [1996], « Adverse health effects of high effort low reward conditions », *Journal of Occupational Health Psychology*, n° 1, p. 27-41.

SMITH A. [1776], *Recherches sur la nature et les causes de la richesse des nations*, Flammarion, Paris, rééd. 1991.

SMITH J.M. [1973], « Age and occupation : the determinants of male occupational age structure. Hypothesis H and hypothesis A », *Journal of Gerontology*, n° 28.

SMITH M. [1990], « What is new in the structuralist analysis of earnings ? », *American Sociological Review*, n° 6.

SMITH R. [1979], « Compensating wage differentials and public policy : a review », *Industrial and Labor Relations Review*, vol. 32, p. 339-356.

SORIGNET P.-E., « Danser au-delà de la douleur », *Actes de la recherche en sciences sociales*, n° 163.

SOURIAC-ROTSCHILD M.-A. [1997], « Vers l'affirmation d'une obligation de sécurité », *Santé et Travail*, n° 21.

TARTY-BRIAND I. [2004], « Du travail au chômage : la place des enjeux de santé dans l'exclusion de l'emploi chez des chômeurs « âgés » », *Pistes*, vol. 6, n° 1, www.pistes.uqam.ca.

Teiger C. [1989], « Le vieillissement différentiel dans et par le travail : un vieux problème dans un contexte récent », *le Travail humain*, n° 52.

Teiger C., Laville A. [1991], « L'apprentissage de l'analyse ergonomique du travail, outil d'une formation pour l'action », *Travail et Emploi*, n° 47.

Teiger C., Laville A., Lortie M. [1981], « Morbidité, mortalité différentielles et conditions de travail dans les métiers ouvriers de la presse », *in* Henrard C. (dir.), *Santé publique et vieillissement*, Les colloques de l'INSERM, Paris, vol. 101.

Thébaud-Mony A. [1992], *La Reconnaissance des maladies professionnelles : acteurs et logiques sociales*, Document Travail-emploi, La Documentation française, Paris.

Thébaud-Mony A. [2000], *L'Industrie nucléaire : sous-traitance et servitude*, INSERM-EDK, Paris.

Thébaud-Mony A. [2006], « Histoires professionnelles et cancer », *Actes de la recherche en sciences sociales*, n° 163.

Thébaud-Mony A. [2007], *Travailler peut nuire gravement à votre santé*, La Découverte, Paris.

Thébaud-Mony A., Volkoff S. [2000], « Santé au travail : l'inégalité des parcours », *in* INSERM, *Les Inégalités sociales de santé*, La Découverte, Paris.

Théry L. [2006], « De nouveaux champs pour l'action syndicale », *in* Théry L. (dir.), *Le Travail intenable*, La Découverte, Paris.

Tiano V. [2003], « Les inspecteurs du travail aux prises avec l'évaluation des risques », *Travail et Emploi*, n° 96.

Triomphe C. [1998], « Droits du travail : avancées et déchirements », *in* Kergoat J. *et al.* (dir.), *Le Monde du travail*, La Découverte, Paris.

Ulrich V., Estrade M.-A. [2002], « La réorganisation des temps travaillés et les 35 heures : un renforcement de la segmentation du marché du travail », *Travail et Emploi*, n° 92.

Valeyre A. [2001], « Le travail industriel sous la pression du temps », *Travail et Emploi*, n° 86.

Valeyre A. [2006], « Conditions de travail et santé au travail des salariés de l'Union européenne : des situations contrastées selon les formes d'organisation », *Document de travail du CEE*, n° 73.

Veltz P. [2000], *Le Nouveau Monde industriel*, Gallimard, Paris.

Vendramin P., Valenduc G. [2006], « Les TIC, complices de l'intensification du travail », *in* Askenazy P., Cartron D., Coninck F. de, Gollac M. (dir.), *Organisation et intensité du travail*, Octarès, Toulouse.

Verhofstadt E., Witte H. de, Omey E. [2007], « Starting in a high strain job... short pain ? », *Document de travail*, n° WP2007/437, université de Gent.

Vézina M., Bourbonnais R., Brisson C., Trudel L. [2006], « Définir les risques : sur la prévention des problèmes de santé mentale », *Actes de la recherche en sciences sociales*, n° 163.

Vézina M., Derriennic F., Monfort C. [2000], « L'impact de l'organisation du travail sur l'isolement social », *Travailler*, n° 5.

Vézina M., Dussault J. [2005], « Au-delà de la relation bourreau-victime dans l'analyse d'une situation de harcèlement psychologique au travail », *Pistes*, vol. 7, n° 3.

VÉZINA M., VINET A., BRISSON C. [1989], « Le vieillissement prématuré associé à la rémunération au rendement dans l'industrie du vêtement », *Le Travail humain*, n° 52-3.

VICARD A. [2007a], « Différences compensatrices pour les conditions de travail : une revue de la littérature », miméo, École d'économie de Paris.

VICARD A. [2007b], *Différences compensatrices sur le marché du travail français*, miméo, École d'économie de Paris.

VILLATTE R., GADBOIS C., BOURNE J.-P., VISIER L. [1993], *Pratiques de l'ergonomie à l'hôpital*, Interéditions, Paris.

VILLERMÉ L.-R., [1840], *Tableau de l'état physique et moral des ouvriers employés dans les manufactures de coton, de laine ou de soie*, Renouard, Paris.

VOLKOFF S. [1989], « Le travail après 50 ans : quelques chiffres et plusieurs inquiétudes », *Le Travail humain*, n° 52.

VOLKOFF S. [1996a], « La boîte noire des taux de fréquence », *Santé et Travail*, n° 15.

VOLKOFF S. [1996b], « Des "politiques du travail" dans les entreprises, pour tenir compte du vieillissement (quelques exemples en France et en Allemagne) », *Travail et Emploi*, n° 69.

VOLKOFF S. [1998], « Représentativité, significativité, causalité : l'ergonomie au contact des méthodes épidémiologiques », *in* DESSAIGNE M.-F., GAILLARD I., *Des évolutions en ergonomie*, Octarès, Toulouse.

VOLKOFF S. (dir.) [2005], *L'Ergonomie et les chiffres de la santé au travail : ressources, tensions et pièges*, Octarès, Toulouse.

VOLKOFF S. [2006], « Montrer la pénibilité : le parcours professionnel des éboueurs », *Actes de la recherche en sciences sociales*, n° 163.

VOLKOFF S. [2007], « L'intensification disperse les problèmes de santé », *in* TERSSAC G. DE, SAINT-MARTIN C., THÉBAUD C. (dir.), *Travail, santé, organisation et précarité* (titre provisoire), Octarès, Toulouse, à paraître.

VOLKOFF S., BARDOT F. [2004], « Départs en retraite, précoces ou tardifs : à quoi tiennent les projets des quinquagénaires ? » ? *Gérontologie et Société*, n° 111.

VOLKOFF S., LAVILLE A., MAILLARD M.-C. [1992], « Âge et travail : contraintes, sélection et difficultés chez les 40-50 ans », *Travail et Emploi*, n° 54.

VOLKOFF S., MOLINIÉ A.-F. [1982], « Quantifier les conditions de travail ? » *Travail et Emploi*, n° 11.

VOLKOFF S., MOLINIE A.-F. [1995], « Éléments pour une démographie du travail », *in* MARQUIÉ J.-C., PAUMÈS D., VOLKOFF S. (dir.), *Le Travail au fil de l'âge*, Octarès, Toulouse.

VOLKOFF S., MOLINIÉ A.-F., JOLIVET A. [2000], *Efficaces à tout âge ? Vieillissement démographique et activités de travail*, Centre d'études de l'emploi, dossier n° 16, téléchargeable sur le site cee-recherche.fr (rubrique « Archives »).

WALRAFF G. [1986], *Tête de turc*, La Découverte, Paris.

WEIL S. [1951], *La Condition ouvrière*, NRF, Paris.

WELLER J.-M. [1999], *L'État au guichet : sociologie cognitive du travail et modernisation administrative des services publics*, Desclée de Brouwer, Paris.

WICHERT I. [2002], « Job insecurity and work intensification : the effects on health and well-being », *in*

BURCHELL B., LAPIDO D. et WILKINSON F., *Job Insecurity and Work Intensification*, Routledge, Londres/New York, p. 92-111.

WISNER A. [1971], « À quel homme le travail doit-il être adapté ? » *Rapport* n° 22 du Laboratoire d'ergonomie du CNAM.

WISNER A. [1984], *Quand voyagent les usines. Essai d'anthropotechnologie*, Syros, Paris.

WISNER A. [1995], « La cognition et l'action situées : conséquences pour l'analyse ergonomique du travail et l'anthropotechnologie », *Réflexions sur l'ergonomie*, Octarès, Toulouse.

WISNER A. [1997], « Préface », *in* HODEBOURG J., *Le Travail, c'est la santé ? Perspectives d'un syndicaliste*, VO Éditions, Paris.

WOLFF L. [2005], « Transformations de l'intermédiation hiérarchique », *Rapport de recherche du Centre d'études de l'emploi*, n° 29.

ZAJDELA H. [1990], « Le dualisme du marché du travail : enjeux et fondements théoriques », *Économie et Prévision*, n° 92-93.

ZARIFIAN P. [1997], « Produire en quatre temps, une mutation du travail mal perçue », *Santé et Travail*, n° 22.

# Table des matières

## Collection

# R E P È R E S

*créée par* Michel Freyssenet et Olivier Pastré (en 1983),

*dirigée par* Jean-Paul Piriou (de 1987 à 2004), *puis par* Pascal Combemale,

*avec* Serge Audier, Stéphane Beaud, André Cartapanis, Bernard Colasse, Jean-Paul Deléage, Françoise Dreyfus, Claire Lemercier, Yannick L'Horty, Philippe Lorino, Dominique Merllié, Michel Rainelli, Philippe Riutort, Franck-Dominique Vivien et Claire Zalc.

Coordination et réalisation éditoriale : Marieke Joly.

Le catalogue complet de la collection « Repères » est disponible sur notre site **http://www.collectionreperes.com**

## GRANDS REPÈRES

### Classiques

R E P È R E S

**La formation du couple.** *Textes essentiels pour la sociologie de la famille*, Michel Bozon et François Héran.

**Invitation à la sociologie**, Peter L. Berger.

**Un sociologue à l'usine.** *Textes essentiels pour la sociologie du travail*, Donald Roy.

### Dictionnaires

R E P È R E S

**Dictionnaire de gestion**, Élie Cohen.

**Dictionnaire d'analyse économique.** *Microéconomie, macroéconomie, monnaie, finance, etc.*, Bernard Guerrien et Ozgur Gun.

**Lexique de sciences économiques et sociales**, Denis Clerc et Jean-Paul Piriou.

### Guides

R E P È R E S

**L'art de la thèse.** *Comment préparer et rédiger un mémoire de master, une thèse de doctorat ou tout autre travail universitaire à l'ère du Net*, Michel Beaud.

**Comment parler de la société.** *Artistes, écrivains, chercheurs et représentations sociales*, Howard S. Becker.

**Comment se fait l'histoire.** *Pratiques et enjeux*, François Cadiou, Clarisse Coulomb, Anne Lemonde et Yves Santamaria.

**La comparaison dans les sciences sociales.** *Pratiques et méthodes*, Cécile Vigour.

**Enquêter sur le travail.** *Concepts, méthodes, récits*, Christelle Avril, Marie Cartier et Delphine Serre.

**Faire de la sociologie.** *Les grandes enquêtes françaises depuis 1945*, Philippe Masson.

**Les ficelles du métier.** *Comment conduire sa recherche en sciences sociales*, Howard S. Becker.

**Le goût de l'observation.** *Comprendre et pratiquer l'observation participante en sciences sociales*, Jean Peneff.

**Guide de l'enquête de terrain**, Stéphane Beaud et Florence Weber.

**Guide des méthodes de l'archéologie**, Jean-Paul Demoule, François Giligny, Anne Lehoërff et Alain Schnapp.

**Guide du stage en entreprise**, Michel Villette.

**Manuel de journalisme.** *Écrire pour le journal*, Yves Agnès.

**Voir, comprendre, analyser les images**, Laurent Gervereau.

### Manuels

R E P È R E S

**Analyse macroéconomique 1.**

**Analyse macroéconomique 2.** 17 auteurs sous la direction de Jean-Olivier Hairault.

**La comptabilité nationale**, Jean-Paul Piriou et Jacques Bournay.

**Consommation et modes de vie en France.** *Une approche économique et sociologique sur un demi-siècle*, Nicolas Herpin et Daniel Verger.

**Déchiffrer l'économie**, Denis Clerc.

**L'explosion de la communication.** *Introduction aux théories et aux pratiques de la communication*, Philippe Breton et Serge Proulx.

**Les grandes questions économiques et sociales**, sous la direction de Pascal Combemale.

**Une histoire de la comptabilité nationale**, André Vanoli.

**Histoire de la psychologie en France. XIXe-XXe siècles**, Jacqueline Carroy, Annick Ohayon et Régine Plas.

**Macroéconomie financière**, Michel Aglietta.

**La mondialisation de l'économie.** *De la genèse à la crise*, Jacques Adda.

**Nouveau manuel de science politique**, sous la direction d'Antonin Cohen, Bernard Lacroix et Philippe Riutort

**La théorie économique néoclassique.** *Microéconomie, macroéconomie et théorie des jeux*, Emmanuelle Bénicourt et Bernard Guerrien.

**Le vote.** *Approches sociologiques de l'institution et des comportements électoraux*, Patrick Lehingue.

Composition Facompo, Lisieux (Calvados)
Achevé d'imprimer en décembre 2012 sur les presses de
La Nouvelle Imprimerie Laballery à Clamecy (Nièvre).
Dépôt légal du 1er tirage : novembre 2007
*Suite du 1er tirage (3)* : décembre 2012
N° de dossier : 212133

*Imprimé en France*